无龄密码

张维娜 / 著

图书在版编目（CIP）数据

无龄密码 / 张维娜著 . -- 哈尔滨：黑龙江科学技术出版社, 2024. 12. -- ISBN 978-7-5719-2665-6

Ⅰ. B825.5-49

中国国家版本馆 CIP 数据核字第 20242HU987 号

无龄密码
WU LING MIMA
张维娜 / 著

责任编辑	陈裕衡
封面设计	尚世视觉
出　　版	黑龙江科学技术出版社
	地址：哈尔滨市南岗区公安街 70-2 号
	邮编：150007
	电话:(0451)53642106
	传真:(0451)53642143
	网址:www.lkcbs.cn
发　　行	全国新华书店
印　　刷	三河市越阳印务有限公司
开　　本	710mm×1000mm 1/16
印　　张	11
字　　数	170 千字
版　　次	2024 年 12 月第 1 版
印　　次	2024 年 12 月第 1 次印刷
书　　号	ISBN 978-7-5719-2665-6
定　　价	59.80 元

【版权所有，请勿翻印、转载】

前言

解锁"无龄密码",活出真我!

岁月,被赞誉为"抚平一切创伤的神医",但同时也被冠以"无声无息的神偷"。岁月的双手,一方面赠予我们智慧与成熟;另一方面也悄悄抚过我们的面庞,留下微不可察的痕迹。面对"岁月神偷",我们女性又该怎样创造和保持自己的最佳状态呢?

在这个过程中,女性首先要唤起自己的"无龄感",做一个"无龄感女人"。"无龄感"一词来源于英文"ageless",它描述的是一种超越年龄的状态,是一种永恒的青春,无论岁月如何流逝,内心始终保持活力和魅力。

女性对年龄有一种天生的敏感,进而在无形中赋予自己压力,陷入内心焦灼。关注自我、回归自我就需要摆脱年龄带来的外在影响,以"无龄感"来自然平和地展现自我。

在这本书中,我们将一同探讨如何实现"无龄感",让女性在不同的年龄都能发挥自己的魅力,回归自我,生活在自己的节奏中。"无龄感"女人的特征是:可以年轻,也可以成熟;可以平静,也可以热情;可以柔弱,也可以坚韧;有自己的特质和魅力,且不随年龄增长而减弱或者消失;有自己的生活方式,不受他人影响,自信、独立、优雅。

"无龄感"并不意味着追求年轻的外貌，相反，它的"核心密码"更追求一种内在的、深层次的良性精神状态。这种状态让女性在任何年龄都焕发出独特的魅力。它涉及生活的各个方面，包括身体、心理状态、社交活动、职场表现、婚恋观念、护肤习惯、运动方式、饮食选择等。在这本书中，我们将一同探索如何塑造和维持这种"无龄感"。通过这些专业的知识、实用的技巧，帮助女性保持健康的身体，培养积极的心态，建立良好的生活习惯，发展持久的人际关系，以及选择适合自己的护肤、饮食和运动方式。

愿每一位女性都可以找到"无龄密码"，享受生活的每一刻；愿每一位女性都可以永葆魅力，活出真我。

目录

第一章　准备：每个人都要提防"岁月神偷"

1. 拆解衰老过程：所有变老，都是时间的蓄谋已久 / 03
2. 衰老的罪魁祸首：压力、紫外线与细胞老化 / 07
3. 细胞代谢失衡：修复力 -1，衰老度 +1 / 11
4. 激素紊乱：坏心情会让颜值断崖式下降 / 14
5. 慢性炎症：小放任也可能导致大问题 / 18
6. 舍得投资：精神与心灵的成长更为重要 / 22

第二章　社交：始终和其他女性保持同频共振

1. "躺平"和自闭，比衰老更可怕 / 27
2. 不要陷在别人的评价里妄自菲薄 / 31
3. 近美者丽，与"美商"高的人同行 / 34

④ 想要做众星捧的"月",就要自己先发光 / 37

⑤ 美的皮囊,并非征服人心的万全之策 / 40

⑥ 给攀比心做减法,别窥探别人的生活 / 43

第三章 职场:别让自己活成历尽沧桑的样子

① 35岁职场危机,该如何破局 / 48

② 过度自我施压,只会让工作更繁重 / 51

③ 竞争时不需要打败所有对手 / 54

④ 一切从简,让工作更高效轻松 / 57

⑤ 缺乏底蕴,你的美丽将不堪一击 / 60

⑥ 足够优秀,想的一切才会主动来找 / 63

第四章 护肤:精致女人的"面子工程"

① 护肤科技解密:光子、射频等前沿技术 / 68

② 护肤新战法:全年龄段护肤大攻略 / 73

③ 护肤品选择:适合自己的才是最好的 / 76

④ 眼周护理:稍不留神,衰老就在"眼"前 / 81

⑤ 颈部护理:你的年龄,写在颈部 / 84

⑥ 熬夜急救:晨起保养,降低伤害尤未迟 / 86

第五章　运动：好身体是美丽的好后盾

1. 减脂要适度，切勿顾此失彼 / 90
2. 你没看错，女性也需要力量训练 / 93
3. 减少面部发力，注意表情管理 / 97
4. 锻炼身体的"隐形勇士"——骨盆底肌 / 99
5. 瑜伽和普拉提：塑造肌肉好线条 / 102
6. 燃脂运动：太疲惫和太安逸都要不得 / 104

第六章　饮食：强化身体防御体系

1. 顺应自然：天人相应的饮食生态观 / 110
2. 食疗养生：激活年轻基因的开关 / 113
3. 优质蛋白：帮你吃出紧致与饱满 / 116
4. 控糖：戒掉甜度依赖，肌肤焕然一新 / 119
5. 忌口：管住嘴是成年人应有的自律 / 122
6. 轻断食：保持适当的饥饿感 / 125

第七章　习惯：低成本冻龄的要领

1. 日常防晒，不是嘴上说说而已 / 131

❷ 远离蓝光，摆脱"手机依赖症" / 135

❸ 科学睡眠，打破越睡越憔悴的魔咒 / 138

❹ 衣服是女人的外在灵魂 / 142

❺ 节制且规律的美好时刻 / 145

第八章 医美：用医疗级保养让自己逆龄生长

❶ 小白也能看懂的医美攻略 / 150

❷ 摆脱"哪里凹陷填哪里"的医美误区 / 153

❸ 刮出好气色：经络养生，气血再生 / 156

❹ 泡出好身体：借助自然，修复身体 / 160

❺ 按出好脸形：简单四步，拯救垮脸 / 162

❻ 喝出好状态：一碗美容汤，女性守护神 / 165

第一章 准备：每个人都要提防"岁月神偷"

　　时间是公平的，每个人都会随着时间的流逝而衰老。但衰老并不意味着失去美丽和活力，正如玫瑰在凋零后依然散发着独特的韵味。真正的美丽并不只存在于青春年华，而在于能够在任何岁月都展现出自己的光辉。通过了解和提防"岁月神偷"，我们可以学会正确对待岁月，更好地把握自己的生活，活出自我，活出无龄感。

匿名提问：
被同龄人叫"阿姨"，为什么我这么不耐老？

"每天在办公室对着电脑屏幕奋斗，不定时的加班让我脸上失去了血色，虽然年纪不大，但脸上却已经出现了不少斑点。我曾经也是满脸胶原蛋白的少女，每次照镜子都觉得衰老这件事情离我还很遥远。但是，直到有一天，一个同龄的陌生人称呼我'阿姨'，我才恍然大悟，原来我已经不再是那个充满青春气息的少女了。

"再次站在镜子前，仔细端详自己的脸庞。我发现，原本紧致的皮肤已经开始出现松弛，眼角的细纹也越来越明显。我的肤色不再像以前那样红润，取而代之的是蜡黄，长时间的熬夜和加班已经让我失去了曾经的青春活力。

"为什么我会这么'不耐老'呢？是不是我的生活方式和工作环境让我失去了青春的光彩？我想找回那个自信、青春、美丽的我，我该怎么做？"

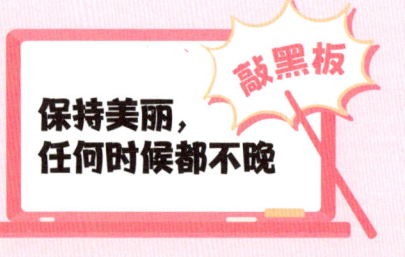

保持美丽，任何时候都不晚

我们的年龄不应被他人的称呼所限制。**年龄不过是一个数字，真正的美丽源自我们对待人生的积极态度和充分信心**。从根源上调整自己的生活方式，养成健康的习惯，注意饮食和休息，让皮肤和身体都得到充分呵护。

改变也许需要一段时间，但只要我们开始行动，就已经向美丽迈出了重要的一步。

第一章　准备：每个人都要提防"岁月神偷"

拆解衰老过程：所有变老，都是时间的蓄谋已久

人类的身体衰老是一个复杂且不可避免的生理过程，它伴随着各个器官和系统的逐渐退化。皮肤，作为机体外部的第一道屏障，是最容易留下岁月痕迹的部位之一。随着年龄的增长，皮肤会出现一系列变化，包括长皱纹、变松弛、长色斑等。每一道皱纹、每一部分皮肤的松弛、每一块色斑都是由一个个微观细胞的衰老积累造成的。

衰老并非突然降临，而是一个逐渐演变的过程，这就是"时间的蓄谋"。

衰老实际上就是身体内部细胞的老化、失活。我们的身体由数以亿计的细胞组成，它们通过复杂的代谢过程保持身体的正常运作。随着时间的推移，细胞新陈代谢的速度减缓，细胞内的有益物质逐渐减少，而有害物质逐渐增加，导致细胞的功能受到限制，无法有效地进行自我修复和更新。

20—34 岁　轻度衰老期　　35—45 岁　中度衰老期　　46 岁以上　重度衰老期

▲ 女性衰老过程

学会深入了解自己、关爱自己是抗衰老的第一步。时间悄悄地在我们身上留下痕迹，有时很难察觉到它的存在，直到身体出现明显的衰老迹象。

因此，了解衰老的过程是非常重要的，它能帮助我们认识到自己所面临的挑战，并采取积极的措施来延缓衰老的进程。

首先，内部因素对身体衰老起着决定作用。

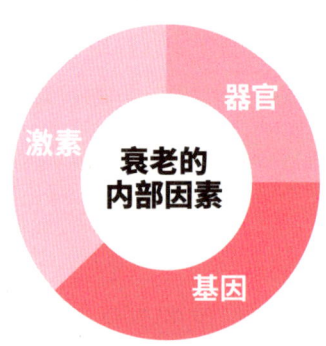

▲ 影响衰老的内部因素

细胞的老化与遗传基因有关。我们每个人的基因组中都携带着与衰老相关的因子，它们可以影响衰老的速度和方式。一些人可能天生具有较好

第一章　准备：每个人都要提防"岁月神偷"

的细胞修复能力和抗氧化能力，而另一些人则可能更容易受到衰老的影响。总之，基因在衰老过程中起着重要的调节作用。

影响衰老的另一个重要内部因素是激素变化。 女性在更年期时激素水平发生变化，会对皮肤产生显著影响。正常的激素水平会让我们面色红润、皮肤细腻，但是如果内分泌失调，尤其是内心的压抑情绪导致体内激素紊乱，会严重影响身体组织和器官的运行，让我们变得衰老。

因此，笑容是最好的抗衰老剂，与其愁眉苦脸地担心岁月流逝，不如优雅老去，每一个年龄段都有它独特的美丽和魅力。

身体器官也会随着年龄的增长而发生变化。 例如，眼睛中的晶状体会逐渐变硬和浑浊，导致老花眼的出现；骨骼会逐渐变脆弱，易于发生骨质疏松；心血管系统的功能会减退，增加罹患心脏病和中风的风险。这些变化不仅影响我们的外貌，也对身心健康产生重要影响。

其次，外部因素也对身体衰老起着重要作用。

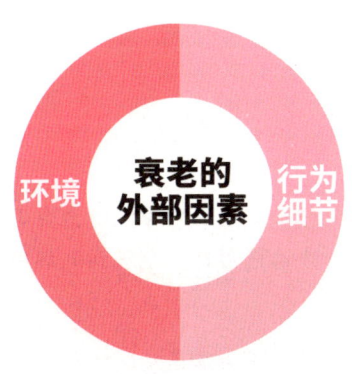

▲ 影响衰老的外部因素

自然环境和社会环境都会影响人的衰老过程。 比如，过度的紫外线照射是导致皮肤衰老的主要外部因素之一。其他外部因素还包括环境污染、不良的生活习惯（如吸烟和饮酒）、压力过大和不正确的护肤方法等。

在紫外线照射强烈的夏季，穿戴遮脸型防晒帽、防晒镜等对保护皮肤起到重要作用。

▲ 防紫外线

日常的行为习惯和小细节也会在不知不觉中影响我们的衰老进程。 例如，面部表情肌负责控制我们的表情和面部动作，它们的频繁使用会导致皱纹的暂时形成。随着时间的推移，这些皱纹变得更加明显，稳定地成为我们面部特征的一部分。因此，经常做夸张表情的人往往会产生更多的皱纹。这些微观变化，与我们的基因、生活方式和环境等因素相互交织，了解它们是理解衰老过程的关键。

衰老是不可避免的，我们应学会呵护自己的心灵，因为健康快乐的心灵是最好的抗衰老良方。

实用 tips

❶ **皮肤保湿**。随着年龄的增长，皮肤的保湿能力会逐渐减弱，因此需要在日常生活中多摄入水分或者停留在一个湿润的环境中，让自己的皮肤时刻保持水分。

❷ **防晒**。长时间暴露在紫外线下会加速皮肤的衰老过程，因此我们应该养成每天使用防晒霜的好习惯。

❸ **良好的生活习惯**。好的生活习惯包括合理的饮食、适量的运动以及充足的睡眠。

第一章　准备：每个人都要提防"岁月神偷"

衰老的罪魁祸首：压力、紫外线与细胞老化

随着生活节奏加快，许多年轻女性发现，无论使用多么昂贵的护肤品，脸上的细纹还是只多不少。实际上，针对层出不穷的衰老现象，与其疲于应付地被动抗衰，倒不如深入衰老的底层逻辑，找到衰老的罪魁祸首，主动出击，对症下药。

压力：衰老的催化剂

美国加州大学研究人员对 5744 名年龄在 50 岁以上的成年人进行过一项分析测试。研究发现，承受压力大的人身体功能衰退和外表衰老的程度更为严重。**长期紧张、焦虑和高强度的生活压力会对身体产生负面影响，包括加速衰老过程。**这是因为压力导致体内释放大量的应激激素，损害细胞的健康，影响细胞的新陈代谢能力和修复能力，从而加速细胞老化的过程。

皮质醇

皮质醇，也被称为应激激素或压力激素，由肾上腺分泌。在短期内，适量的皮质醇有助于应对压力和应激情况，但长期过多的皮质醇分泌会对我们身体产生严重的危害。

※ 抑制免疫系统的功能，使身体更容易受到细菌、病毒和其他病原体的侵袭。
※ 增加心脏负担，导致血压升高和患上心血管疾病的风险增加。
※ 增加脂肪在腹部的堆积，形成"苹果型"肥胖。
※ 导致情绪波动、焦虑和抑郁等精神健康问题。
※ 影响胃肠道的功能，导致代谢紊乱、骨质疏松等问题出现。

压力不仅仅是一种心理状态，它也会对身体健康产生直接的生理影响。长期的压力会导致免疫系统的紊乱，使身体更容易受到感染和炎症的侵袭。长期的压力还会影响睡眠质量，导致疲劳和精神不佳。这些身体表现可能会进一步加剧衰老程度。

繁忙的工作，尤其是高强度的加班，会导致女性压力剧增，进而影响身体健康。

▲ 女性焦虑失眠

尤其是当代忙碌的职业女性,每天面临工作压力、家庭责任和社交压力。如果她们长期处于高度紧张的状态,不仅精神上时常感到精疲力竭,皮肤也会开始出现干燥、暗淡无光、皱纹和松弛等现象。

学会放慢脚步,去品味生活中的每一份美好和喜悦,因为真正的抗衰老秘诀是一种好的生活态度,是一种懂得享受生活、珍惜当下的智慧。

紫外线:导致衰老的直接元凶

阳光中的紫外线是一个被广泛讨论的衰老因素。人体长期暴露在紫外线下,未采取适当的防护措施,会导致皮肤损伤,加速皮肤的衰老过程。

紫外线主要分为 UVA、UVB 和 UVC 三种类型的光线。

UVA 可以穿透云层和玻璃,它主要引起光老化,导致胶原蛋白和弹力纤维的流失,造成皮肤松弛、皱纹和色斑等现象。

UVB 主要引起晒伤和皮肤癌,它会导致皮肤红肿、疼痛、脱屑和色素沉着等问题。

UVC 会被臭氧层吸收,不会到达地球表面。

因此,我们想要正确防晒抗衰,不仅需要避免长期暴露在强烈的太阳光下,还要针对不同类型的光线选择不同的防晒产品。

细胞老化:衰老的根源

人的衰老本质上就是细胞的衰老,这是不可避免的过程。 科学研究发现:细胞老化主要表现为端粒的缩短和损伤,以及染色体稳定性的丧失。这些变化导致细胞的修复和再生能力下降,新陈代谢能力减弱。

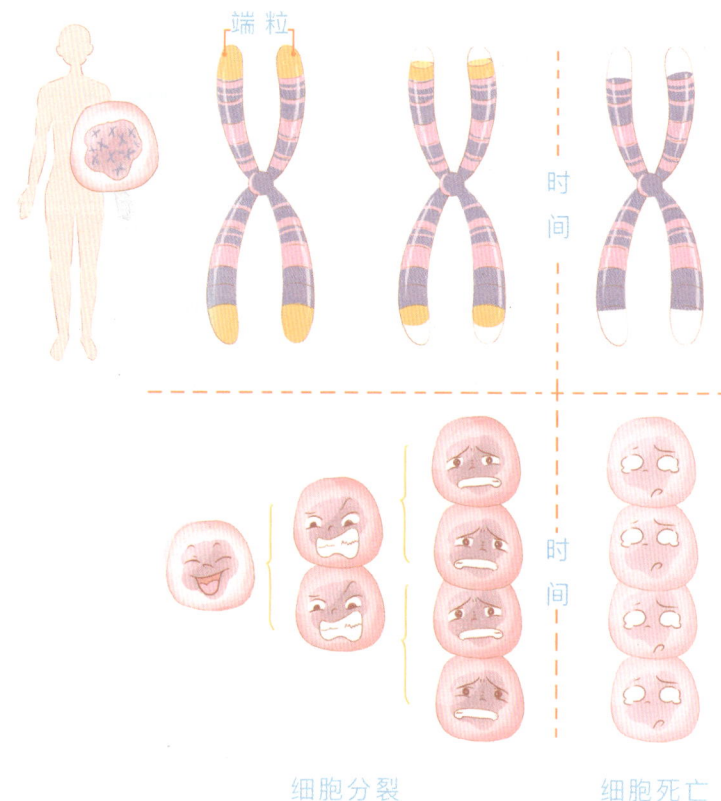

到了一定年龄,细胞的老化会导致人的身体功能逐步下降。

▲ 细胞老化

即使是一个注重饮食和运动的人,随着时间的变化,他的细胞也会不可避免地经历老化过程,出现如皮肤松弛、关节不灵活等问题。细胞老化对身体的危害不仅仅体现在外貌上,还会体现在影响内部器官的功能上。

由此可见,衰老并非某一方面的过程,而是身心都发生了变化。 因此,保持积极和乐观的心态,是让时间放缓侵蚀的秘诀。即使我们无法逆转衰老的进程,但是可以通过调整自己的心态来延缓衰老对自己的侵袭。

第一章　准备：每个人都要提防"岁月神偷"

3 细胞代谢失衡：修复力 -1，衰老度 +1

细胞代谢是细胞内生物、化学反应和能量转化的过程，就像是细胞的燃料供应链，它支撑着我们的呼吸、消化、运动等所有生理活动，直接影响着细胞的健康和功能，是保持细胞正常工作的关键。

细胞代谢失衡导致的身体变化

一旦细胞的燃料供应链出现问题，比如能量供应不足或废物处理不当，就会导致细胞代谢失衡，如同一个隐形的杀手，悄悄地损害着我们的健康与美丽。特别是在细胞代谢过程中会产生氧自由基有害分子，一旦它们与细胞内的抗氧化物质之间的平衡失调，就会导致细胞氧化应激现象的产生。

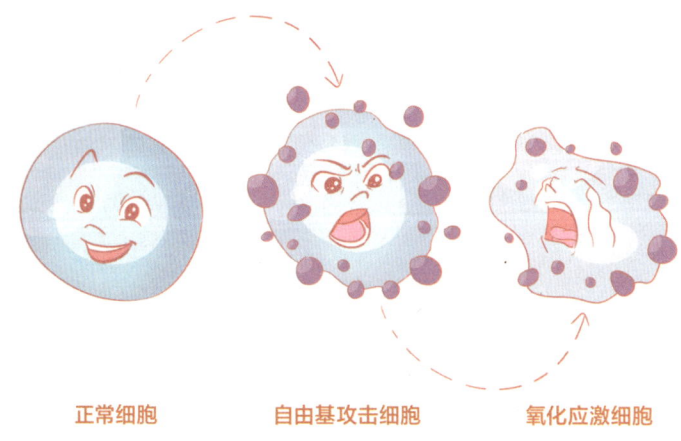

正常细胞　　　自由基攻击细胞　　　氧化应激细胞

氧化应激是细胞氧化损伤的过程，是细胞代谢失衡的主要表现之一。

紫外线照射和不健康的生活方式（如吸烟、饮酒等）会增加体内氧化应激的程度，导致细胞结构和功能受损，从而加速细胞老化。氧化应激还会导致DNA和蛋白质的氧化损伤，进一步影响细胞的正常功能。

细胞代谢失衡会导致炎症反应的增加。当细胞受损或感染时，会释放炎症因子，引起炎症反应。短期的炎症反应有助于清除病原体，促进伤口愈合，但长期持续的炎症反应会导致细胞和组织的损伤，加速身体衰老过程。

细胞代谢失衡会导致细胞内能量的减退。细胞内的线粒体是产生能量的主要场所，当细胞能量减退时，细胞功能下降，会影响细胞的生存和修复能力。比如，当皮肤细胞的更新和修复速度减慢时，就会导致皮肤出现松弛、色斑、干燥等老化现象，使我们看起来比实际年龄更显老。

如何减少细胞代谢失衡的危害

注重饮食。摄入更多的蔬菜、水果和富含抗氧化物质的食物，如绿茶、坚果和鱼类等，帮助细胞抵抗氧化应激。

调整运动模式。将有氧运动和力量训练结合起来，以提高身体的新陈

第一章　准备：每个人都要提防"岁月神偷"

代谢能力和肌肉力量。

保证睡眠。睡眠是十分重要的因素，保证每天 7—8 小时的高质量睡眠，让身体有足够的时间恢复和修复损伤。

> **深度睡眠**
>
> 在《科学转化医学》期刊的一项研究中，来自瑞士苏黎世大学的研究团队指出，深度睡眠可以驱使身体重新启动并补充能量，以增强免疫能力，释放修复细胞和控制代谢率的激素。

我们通过正确的生活方式和饮食，可以改善细胞代谢的状况，延缓衰老的进程。但这个过程并不是一蹴而就的，需要通过长期保持良好的生活习惯来加以改善。更重要的是保持一个开放积极的心态，因为每一天都是崭新的，每一天都是全新的自己，每一天都有机会以更加成熟和智慧的方式来调整自己的生活，重新找回青春和活力！

❶ **营养补充**。确保摄入足够的维生素和矿物质，支持细胞的正常修复和再生。增加抗氧化食品的摄入，如深色蔬菜和水果，来保护细胞免受氧化损伤。

❷ **避免不健康的物质**。避免吸烟、过量饮酒，减少高糖和高脂肪食物的摄入，以减少细胞的损伤和衰老。

❸ **保持水分**。确保每天摄入足够的水分，以支持细胞的正常功能和代谢。

激素紊乱：坏心情会让颜值断崖式下降

在抗衰老的征途中，还有一个不容忽视的因素，那就是激素。

激素对机体的代谢、生长、发育、繁殖、性能力等起着重要的调节作用。随着年龄的增长，激素的分泌可能会失衡，特别是在女性身上，这种情况更为常见。**女性具有独特的月经周期，更容易受到激素的影响。**

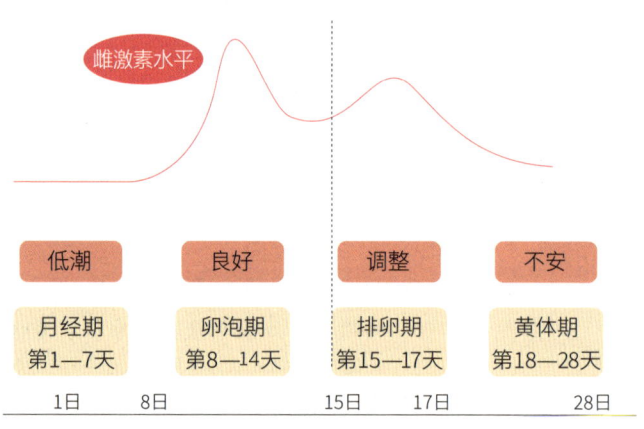

女性生理周期时雌激素水平变化剧烈。

▲ 女性雌激素分泌变化情况

第一章 准备：每个人都要提防"岁月神偷"

破坏激素的根源——压力

激素紊乱有很多原因，其中一个重要因素是压力。现代人的生活节奏快，生活和工作中的各种压力层出不穷。这些压力会导致体内的应激激素——皮质醇和肾上腺素等分泌增多，而它们与激素平衡密切相关。长期处于高压状态下会导致激素失衡，影响我们的身体和心理健康。

如果女性长期处于高度竞争的工作环境、经常熬夜加班，总是心烦意乱、寝食难安，身体内的应激激素水平便会持续升高，导致以下问题：

※ 失眠，情绪波动较大；

※ 皮肤出现问题。皮质醇在高浓度时会破坏胶原蛋白和弹力纤维，加速皮肤老化的进程，使皮肤变得暗沉、粗糙，还容易出现痘痘和色斑等问题；

※ 月经不规律、更年期症状加重等；

※ 增加骨质疏松、心血管疾病等的患病风险。

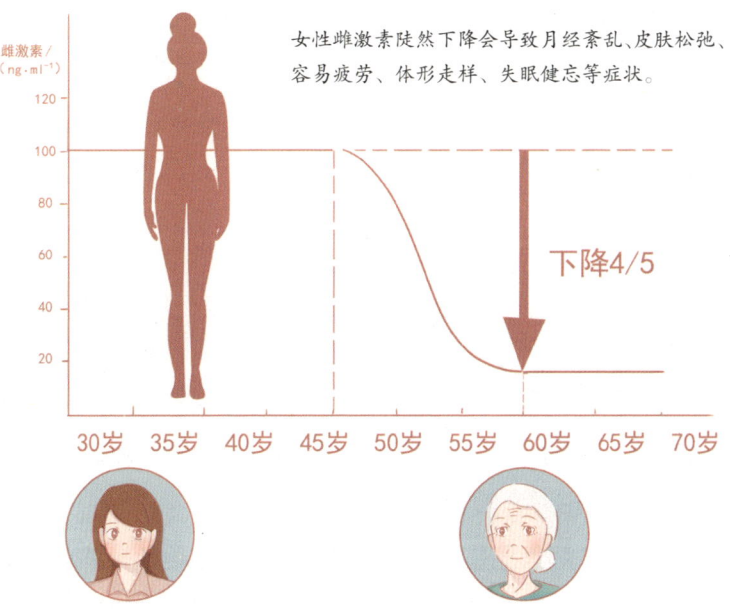

▲ 女性雌激素水平随年龄变化情况

如何稳定激素

在快节奏和高压力的社会里,我们要学会给自己一些时间和空间去放松和恢复,去追求一种更加健康和平衡的生活方式,这是我们抗衰老的好方式,也是我们追求美丽和幸福的好方式。

首先,我们要放松自己,减轻压力。可以通过练习瑜伽、冥想、散步等来缓解压力,保持身心的平衡。

其次,我们要保证足够的睡眠。确保身体有充足的休息时间,有助于调节激素的分泌和平衡,保持身体机能的正常运转。

再次,均衡饮食也非常重要。摄入适量的营养素有助于维持激素的平衡,特别是足量的蛋白质。我们可以在每餐中加入鸡蛋、鸡胸肉、鱼、豆制品等高蛋白食物。

饥饿激素

美国华盛顿大学的研究小组的一项实验表明:高蛋白质饮食可有效控制饥饿激素。饥饿激素是一种刺激食欲的激素,控制饥饿激素能够让人们在吃东西时感到饱足。通过高蛋白饮食增加饱腹感,使我们适量进食,更容易控制体重。

最后,寻求专业的帮助。如果发现自己出现明显的激素失衡症状,比如月经不调、情绪波动等,应该及时就医,医生可以通过检查和诊断,帮助我们找出问题的根源,提供适合的治疗方法。

总的来说,激素紊乱是一个常见的问题,如果能够早发现、早治疗,就能有效地控制它,阻止它对身体和皮肤造成更多的伤害。

第一章　准备：每个人都要提防"岁月神偷"

❶ **均衡饮食**。确保每天摄入足够的营养，包括蛋白质、健康的脂肪和多种维生素。特别是富含抗氧化物质的食物，如新鲜蔬菜和水果，有助于维持激素平衡。同时，尽量避免过多摄入高糖食品，因为它们可能会干扰激素的正常功能。

❷ **适量运动**。适量地运动不仅可以帮助你保持身体健康，还有助于维持激素的平衡。定期进行有氧运动和力量训练可以提高身体的代谢率，同时也可以帮助调节激素水平。但是，也要注意不要过度运动，因为这也可能会导致激素失衡。

❸ **良好睡眠**。确保每晚都能得到足够的高质量睡眠，这样可以帮助体内的激素保持正常的节律。如果你有睡眠问题，可以尝试一些放松技巧，如冥想或瑜伽，来帮助自己更好地入睡。

❹ **管理压力**。可以尝试一些放松技巧，如深呼吸、冥想或者简单的散步来减轻压力。同时，也可以寻找一些爱好或活动来帮助自己放松和减压。

5 慢性炎症：小放任也可能导致大问题

通常，我们把炎症当成身体的一种防御机制开启的表现，它表明我们身体正在对抗感染和创伤。但是，当炎症成为一种长期的、持续的状态时，情况就大不相同了。这些微小、持续的炎症反应，会在我们的身体内引发一系列的负面影响，包括加速细胞衰老的过程。老人体内的促炎分子比年轻人多得多，通常是年轻人的两到三倍，因此我们也要提高对慢性炎症的关注。

慢性炎症的"秘密"

美国哈佛大学生物医药科学家在近年的研究中发现，慢性炎症与许多疾病，包括心脏病、糖尿病、阿尔茨海默病以及某些类型的癌症都有直接的关联。**研究还发现，慢性炎症与衰老有着密切的关系，不仅会引发各种身体疾病，还会让人看起来比实际年龄更显老。**因为炎症会损害皮肤的胶原蛋白，使皮肤失去弹性和光泽，出现皱纹和色斑，让人看起来疲惫不堪。

慢性炎症长期发展，不仅会导致女性衰老，还可能会引发严重的妇科疾病。比如，慢性盆腔炎对女性的危害是比较大的，可能会引起输卵管粘连、堵塞，还可能会导致不孕；长期慢性宫颈炎会刺激宫颈组织变化，导致宫颈息肉、宫颈肥大或宫颈管炎等疾病，还容易增加宫颈癌的发病率，对女性危害很大。另外，慢性妇科炎症通常愈后较好，但是容易反复，需要时常关注。

慢性炎症导致衰老的作用机制

慢性炎症与糖化、氧化并称为"衰老三大元凶"，慢性炎症通过引起氧化损伤、DNA损伤、干细胞损伤来加速衰老。**抗炎一定会抗衰老！**炎性衰老这个概念是免疫衰老的延伸，当免疫系统衰老后，炎症水平也会相应升高；而当慢性炎症一步步积累，也会形成恶性循环加剧衰老进程。

氧化损伤 氧分子在参与身体代谢过程后会形成一些不稳定的分子，即自由基。这些自由基非常活跃，会攻击身体中的蛋白质、脂质甚至DNA，导致它们的结构和功能发生改变，这就是氧化损伤。在慢性炎症状态下，自由基会增加，导致氧化损伤加剧，进而加速细胞和身体组织的衰老。

DNA损伤 DNA是生命的"蓝图"，任何改变它的事物都可能对健康造成威胁。慢性炎症会增加自由基的产生，自由基能够破坏DNA，造成基因突变或基因错误复制问题。另外，炎症反应中的一些生物活性物质，如氮氧化物，也可直接对DNA造成损伤。这些DNA损伤如果未被有效修复，会导致细胞功能紊乱，甚至引发癌症。

干细胞衰老 干细胞是我们身体的"修复工"，它们有着较强的分裂和自我更新能力，可以替换和补充老化或损伤的细胞。然而，干细胞也并非永不衰老。慢性炎症会释放出一种叫作炎性细胞因子的物质，它能够影响

干细胞的生存环境,使干细胞过早地进入休眠或老化状态,从而减慢了身体的修复速度。

如何应对慢性炎症

那么,我们应该如何应对这个看似无形的炎症进程呢?

保持积极健康的生活方式。适量的体育锻炼有助于调节身体的免疫反应,降低炎症反应的强度。研究表明,对大部分人来说,每周进行150分钟的中等强度或75分钟的高强度锻炼,可以有效降低发生慢性炎症的风险。另外,定期的冥想和瑜伽等放松运动,也可以有效地降低身体炎症反应出现的频率。

过度肥胖也会增加身体中炎性因子的活跃度,因此,保持适当的体重对于降低慢性炎症出现的风险。

睡眠不足会导致体内炎症水平上升。保证每晚7—9小时的高质量睡眠,也有助于降低慢性炎症出现的风险。

使用抗炎食品。选择富含Ω-3脂肪酸的食物,如鱼类、亚麻籽和核桃,这些食物可以减轻身体的炎症反应。食用富含抗氧化物质的食物,如蔬菜、水果、坚果,它们能够抵消氧自由基的损害,从而降低炎症发生风险。避免过度摄入高糖食物,它们会增加身体的炎症反应。

抗炎食物	促炎食物
Ω-3脂肪酸 巴旦木、金枪鱼等	精炼植物油 玉米油、大豆油等
单不饱和脂肪酸 橄榄油、菜籽油、茶油、牛油果等	精制碳水和添加糖 精加工食品、白粥、馒头等
膳食纤维 西蓝花、羽衣甘蓝、南瓜、燕麦等	反式脂肪 人造黄油、植物奶油等

第一章 准备：每个人都要提防"岁月神偷"

续表

抗炎食物	促炎食物
维生素A、维生素D 动物肝脏、深海鱼油等	人造甜味剂 阿斯巴甜、高果糖、玉米糖浆等
花青素 浆果类，如葡萄、蓝莓等	麸质 小麦面粉制品
黄酮类 浆果、茶等	食品添加剂 人造色素、防腐剂等

▲ 抗炎食物和促炎食物

及时就医。如果有任何长期的疼痛、疲劳、消化问题或者其他不明原因的健康问题，应该尽快寻求医生的帮助。这些可能是慢性炎症的表现，应该及时加以治疗，防止炎症导致更严重的健康问题。

综上，通过改变我们的生活方式，提高我们的生活质量，我们才能够更好地应对这些炎性因素带来的健康问题，保持健康和美丽。

实用tips

❶ **饮食调整**。尽量选择富含抗炎成分的食物，如深色蔬菜、浆果、坚果和富含Ω-3脂肪酸的食物（如鱼类和亚麻籽）。同时，尽量避免摄入可能引起炎症的食物，如高糖食品、精加工食品。

❷ **生活方式的调整**。确保每天都有足够的高质量睡眠，同时，尽量避免长时间的压力和焦虑，因为这也能够引起身体的炎症反应。

❸ **适量运动和休息**。定期进行有氧运动和力量训练可以帮助提高身体的免疫功能，减少炎症。同时，也要注意给身体足够的休息时间，避免过度劳累。

 无龄密码

6 舍得投资：精神与心灵的成长更为重要

时间是不可逆的，它悄无声息地在我们的身体上留下痕迹，这是我们无法改变的现实，身体的衰老是必然的结果。然而，即使时间是最公正的审判者，但对于女性来说，如何对待自己，如何对待时间，是可以把握和改变的。想要"抗衰老"，不仅是抗身体的衰老，我们必须懂得"舍得"，做到真正抗生命的衰老。

 **J.K. 罗琳**

J.K. 罗琳（J.K.Rowling）是英国当代最著名的女作家之一，她所写的《哈利·波特》系列小说畅销全世界。罗琳在自己的早期岁月里，遇到了许多困难和挑战，她患有抑郁症，生活围着孩子和家务转。但她

第一章　准备：每个人都要提防"岁月神偷"

没有放弃，而是选择将时间投资于她最热爱的事业——写作，用她的才华和创意，创造了一个令人惊叹的魔法世界。罗琳的生命故事是一个充满勇气和决心的例证，她展示了如何通过对自身的投资和不懈努力来重新调整生命的重点，从而实现从一个贫困单身母亲到世界上最成功的女性作家之一的华丽转身，做到了真正抗生命的衰老。

《哈利·波特》系列小说使得曾经名不见经传的J.K.罗琳闻名世界，生命的价值获得了极大提升。

▲ 《哈利·波特》书影

这个世界上有很多像罗琳一样的女性，她们在生活的压力下，忽视了对自己的投资，将自己局限在丈夫的期待、繁忙的家务以及哭闹的孩子中，只想着为他人付出，而忽视了自己的意愿和追求。

J.K.罗琳的成功源自她对自身潜力的最大化发掘，并舍得给自己投资。她强调，女性应该为自己而活，为自己的梦想和目标而努力。"抗衰老"并不仅仅意味着保持年轻的面容和维持身体的健康，更重要的是保持生命的活力，创造生命的价值。

"舍得"为自己投资，不仅是在物质上，更是在精神和心灵上。

首先，我们应该舍得花费时间和金钱去保养自己的身体。这并不意味着我们需要花大价钱去美容或者整形，而是应该从日常生活中的细节做起，比如保持良好的饮食习惯，保证充足的睡眠，做适量的运动。这些看似微

不足道的事情，其实对身体健康影响巨大。

其次，我们应该舍得花费时间去学习新的知识。随着年龄的增长，身体会发生各种各样的变化，我们应该了解这些变化，并学会如何应对。例如，我们可以学习营养学的知识，了解什么样的食物对身体有益；可以学习心理学的知识，了解如何调整自己的心态，保持积极的生活态度。

最后，我们更应该舍得花费时间去爱自己。许多女性在照顾家庭和工作的过程中，忘记了爱自己，她们总是把自己放在最后，认为自己的需要不重要。然而，只有当我们学会爱自己、关心自己，才能更好地照顾家庭，更好地完成工作。

总的来说，对自己"舍得"，不仅是对自身最大的投资，也是对生活最大的尊重。每一位女性都应该学会爱自己、关心自己，因为我们值得拥有最好的。让我们共同学习、共同进步，一起成为更好的自己，赢得与岁月的"抗衰老之战"。

实用 tips

❶ **认识到自我价值。**意识到投资自己不是一种奢侈，而是一种必要。你值得拥有最好的。

❷ **学会说"不"。**学会拒绝那些消耗你时间和精力但不能带来回报的事情，将更多的时间和精力投资在能够提升自我价值的事情上。

❸ **珍惜自我的时间。**找到一些只属于你自己的时间，用来做你喜欢的事情，或者简单地休息和放松。

❹ **学会正确的自我投资。**投资在自我教育和学习上，不断提升自己的知识和技能，这是最有价值的投资。同时，不要吝啬在健康上的投资，一个健康的身体是成功和幸福的基础。

第二章 社交：同频共振
帮绝经和其他女性保持

在这个快节奏的时代，社交关系的建立和维持变得越来越重要。对于追求美丽和想要自我提升的女性来说，社交的重要性也是无法忽视的。在这一章节中，我们将讨论如何构建一个对我们个人成长有益的社交网络，如何与他人有效地交流和互动，以及如何在社交中实现自我提升和自我价值。让我们一起学习，一起进步，一起变得更美丽。

匿名提问：

相貌普通的我，如何才能成为朋友圈中的焦点？

"每次在热闹非凡的聚会中，我常常觉得自己是配角。我的朋友们，优雅大方、面容美丽，举手投足之间都散发着无穷的魅力。而我，站在那里，无人在意。

"每当我滑动朋友圈，看到那些长相出众、气质非凡的女性朋友分享着她们的精彩瞬间，我不禁感到有些失落和孤独。是不是只有那些光芒四射的人，才能成为社交圈中的焦点，才能收获那么多的赞美和关注？

"我试图模仿她们，试图让自己变得更加耀眼和独特，但每次尝试都让我感到更加不自在和失真。我开始怀疑自己的价值，我难道永远都只能活在无人问津的角落里吗？

"在这样的困惑和挣扎中，我渴望找到一种方法，能在朋友圈中展现出真正的自我，找到自己的位置，而不是被他人的光芒淹没而黯然失色。

"请问，我该如何调整心态，找回那个真正的我，让自己变得更加自信、更加独特呢？我怎样才能展示自己独一无二的光芒呢？"

只有自信的人，才能稳居中心位

相貌是天生的，但自信是可以培养的。

不要迷失在别人的评价中，我们才是自己的主人，与其沉溺于自我怀疑中，不如投入到自我提升中去，用行动证明自己的价值，让别人看到你的独特价值。我们的个性、才能、态度，都比外貌更能吸引人。积极向上，热爱生活，做自己想做的事情，这就是自信的力量。

自信赋予我们的神采奕奕，可以让我们在朋友圈中稳居中心位。

第二章　社交：始终和其他女性保持同频共振

1
"躺平"和自闭，比衰老更可怕

有句俗语说，"活到老，学到老"。这句话同样适用于社交。人类作为社会动物，对人际交流和交往有着深切的需求。我们从他人的经验中学习，并与他人分享我们的喜怒哀乐，由此，我们的生活更加丰富多彩。

然而，随着年龄的增长，女性曾经引以为傲的美貌、婀娜多姿的身段都在日渐消失，不管如何打扮自己，都难以重现往日神采。我们或许不愿意接受这个现实，也不愿意面对现实的世界，致使自己的社交圈变得越来越小，部分人甚至直接选择"躺平"，闭塞自己的心扉，放弃与外界、他人交流的机会。这无疑是一种自我放弃，是一种悲哀。

"躺平"的实质

这里所说的"躺平"，并不是指在生活中有所取舍，来自主选择一种低压力的生活方式，而是指对自我成长、人际交往、新事物、新经验的探

索抱着懒散、消极、退缩的态度。这种现象在我们生活中并不鲜见。据统计，有超过60%的成年人在35岁以后社交活动明显减少，与社会、与他人互动的频率大幅降低，这在一定程度上影响了他们的生活质量和心理健康。

社交不是为了取悦他人，更不是为了展示颜值与优越，而是为了让自己和他人都能共同成长和实现共鸣。想要被他人接纳和喜爱，我们需要建立一种更积极、更健康、更平衡的生活态度和行动方式。

设定清晰的目标。不论是个人生活还是职业发展，清晰明确的目标都能引领我们前进的方向。我们需要知道自己在哪里，以及自己想要去哪里，自己需要什么样的朋友。即使是作为家庭妇女，也要为自己的生活树立目标，例如增长自己的厨艺、学习一门新的技艺、开始运动、参加亲子育儿讨论小组等等。

建立均衡的生活模式。过度工作或者过度放纵都不是健康的生活模式。我们应该在工作与休闲、社交与独处和身心健康之间寻求平衡。尤其是全职家庭的女性，不能将自己的全部精力都投入到家庭中，也要为自己留出社交和娱乐的空间。

持续学习社交技巧。不论是学习社交技能，还是深化对生活的理解，持续的学习都能帮助我们保持积极向上的态度，从而更好地适应和把握生活。利用闲暇时间，通过书本和网络学习一下礼仪常识、说服话术、商务沟通策略等，都有助于知识储备的拓展。重要的是一直保持学习态度和习惯。

培养积极的社交心态。很多女性容易受到悲观心态的影响，遇到困难和挫折容易陷入"躺平"的心态。比如，参加同学聚会后，发现有些同学根本记不起自己的名字，或是话里有话地评价自己走样的身材，导致自己心生自卑，继而排斥类似的聚会和社交场合。其实，社交的目的不是攀比，而是在于联络感情、巩固关系等实际社会需要，至于那些"诋毁"自己的人，又何必在意？培养这种积极心态可以帮助我们更好地面对生活中的困难和挑战。

第二章　社交：始终和其他女性保持同频共振

让自己积极投身于有效的社交，同时不要被"伪社交"迷惑和吓倒。

▲ 社交聚会

社交遇阻后的自我关怀。关怀自己的身心健康，是我们能够继续前进的基础。我们需要时刻关注自己的感受，适时调整自己的状态，让自己在良好的状态下迎接生活的挑战。尤其是关注自己的心态和情绪的变化，学会宽容自己的一切情绪和行为，哪怕把事情搞砸了，也要学会安慰自己。

人生是一场旅行，但我们不能让自己的人生成为一段孤独的旅程。学会保持开放和好奇心态，尝试新的事物，享受与他人的交流，充实我们的内心世界，并实现自我关怀。面对岁月的磨砺和容颜的改变，我们的心仍然可以保持年轻，我们的生活仍然可以精彩纷呈。

 无龄密码

实用 tips

❶ **设定清晰的目标和愿景**。设定具体、可衡量的个人和职业目标，这可以为你提供清晰的发展方向和动力。一旦有了目标，制订一个切实可行的计划，将大目标分解为小目标，逐步实现，定期奖励你的成功，例如吃一顿大餐或者买一件新衣服，这将让你对实现目标更有动力。

❷ **培养积极自信心态**。避免负面的自我对话，用积极和鼓励的语言来激励自己。

❸ **培养抗压能力**。学会面对压力和挑战，而不是逃避它们，培养良好的抗压能力。

❹ **积极社交**。尽量避免孤立自己，积极参与社交活动，建立和维持健康的人际关系。

❺ **培养兴趣和爱好**。找到一些你感兴趣的活动和爱好，这将帮助你保持活力和热情，避免"躺平"和自闭。

第二章 社交:始终和其他女性保持同频共振

不要陷在别人的评价里妄自菲薄

在这个社交软件高度发达的时代,充满了各种各样的标准和期待,我们经常会接收到来自他人对自己的评价和意见。有时候,这些评价可能是正面的,让我们充满自信和动力;但也有时候,它们可能是负面的,让我们开始怀疑自己的价值和能力。

尤其是在追求美丽和抗衰老的过程中,女性更容易被他人的评价所左右,产生自卑和焦虑情绪。比如,同事一句无心之言"你的气色有点差",听到我们的耳朵里,可能就理解为"她说我肤色暗沉,尽显老态",由此心情郁闷,甚至对说这句话的人产生排斥心理。再比如,老同学的一句"你以前很苗条啊,现在怎么变得这么胖,好像一个煤气罐",就可能让我们一整天都没有享用美食的胃口,觉得自己多吃一口都是罪过。

无龄密码

社交自卑

一项发表于《心理与健康》的研究指出，长期的社交自卑会增加焦虑和抑郁的风险，降低个人的生活满意度和幸福感。同时，社交自卑还会导致与生活方式相关疾病（如肥胖、高血压等）的发病率增加。

无论别人负面评价是有心还是无意，目的肯定不是伤害说话人自己，那么我们又何必让这些话困扰自己呢？

▲ 社交困扰

每个人都有自己独特的价值和美丽，别人的眼光不应该成为我们认识自我的禁锢。每个人都是独特的个体，有着不同的优点和特点。正如一朵花开在自己的季节，每个人都应该在自己的时光里绽放出属于自己的光芒。

第二章　社交：始终和其他女性保持同频共振

真正的美，不在于外在的评价，而在于内心的实感。美，始于心灵，归于心灵，不在于别人的眼光，而在于自己的感觉。

我们需要逐渐接受自己的独特之处，正确认识自己的价值和美丽，学会不过于在意他人的评价。与此同时，多参与一些社交活动，结交不同背景的朋友，增强自己对社交场合的适应能力，享受与他人交流的过程，与他人保持社交共振。同时，还可以进行冥想和正念练习，帮助自己建立内在的平衡和自信。

❶ **增强自我认识和自我价值感。**定期花时间进行自我反思，了解你的优点和缺点，建立真实的自我认识，培养独立思考的能力，不要盲目接受或依赖他人的评价和看法。认识到你的价值不仅仅是基于他人的评价，而是基于你自己的能力和成就。

❷ **学会处理和应对负面评价。**当接收到负面评价时，尝试理性分析其背后的原因和动机，而不是直接接受或反驳，学会选择性接受有建设性的批评和建议，忽略无意义或恶意的负面评价。

❸ **培养健康的心态和情绪管理能力。**培养正面、乐观的心态，学会识别和管理情绪，避免因为他人的评价而产生过度的情绪反应。

33

3 近美者丽，与"美商"高的人同行

所谓"美商"，并非单纯只看到漂亮美丽，它更强调人们对美学的理解。**我们要明确自己在外在形象上的优劣势，学会取长补短，这是提升"美商"的重要思路之一。**

林清玄

作家林清玄说过："做了很久屠夫的人，脸上的每道横肉，都长得和他杀的动物一样；而鱼市场的鱼贩子，不管怎么洗澡，毛孔里都会流出鱼的腥味；在银行柜台数钞票很久的人，脸上的表情就像一张钞票，冷漠而势利；在小公司当主管作威作福的人，日子久了，脸变得像一张公文，格式十分僵化，内容逢迎拍马……"

第二章 社交：始终和其他女性保持同频共振

从林清玄的话中，我们可以看出成长经历和认知心态会影响到我们的表情、长相甚至性格。平常多接触什么样的事、什么样的人，就会养成什么样的习惯，表现出什么样的精神面貌。

因此，有人曾经这样感慨："**一定要跟'越来越美'的人做朋友，因为美貌的背后，藏着一个人的自律、坚持、克制、高要求。**"

在我们的日常生活中，一定存在美丽的女性，这些人的美丽不仅仅体现在外表，更体现在她们的内心。她们自信、乐观、热情，有着鲜明的生活态度和价值观，她们活得热热闹闹、有滋有味，在人群中自带发光属性。

近美者丽，与她们交往，我们不仅会感到愉快和舒适，而且在她们潜移默化的影响下，我们也会逐渐变得如同她们一样活力充沛、开朗大方。

克服交往中的自卑心理

然而，很多人觉得与这样的人成为好朋友难如登天，认为"我不知道我是不是与她们一样美，我也不确定我是否拥有她们那样闪闪发光的内在"，进而深深地困扰在"我能否配得上她们"的焦虑中。**这些担忧，往往源于对自身的过度质疑和对他人的过度神化。**

在社交过程中，我们总会遇到比我们更优秀、更有魅力的人，这是人与人交往

我们可以先通过向闺密榜样学习不断提升自己的"美商"，再逐步找到更能全方位展现自己的美的方式。

▲ 向闺密学习

的常态。关键在于，我们应该如何面对这样的"差距"，如何转变自己的心态，以更积极、更自信的姿态去面对生活和人际交往。

巧妙提升自己的"美商"

如果我们没有太多的时间精力花费在钻研化妆技术和穿搭技巧上，不妨从最简单的模仿开始。比如，在穿衣打扮上，选择与我们身高、体形差不多的某个朋友作为模仿对象，如果她穿了一套大家都认为很漂亮的衣服，我们也可以穿着与其差不多的款式和颜色，但并不需要完全照搬同款。

平时也可以多问问身边"美商"较高的朋友：我今天的这身衣服可以吗？有什么需要改进的地方？我今天的妆容还有哪些可以调整的地方？你平常都用什么护肤品？在哪里做发型？……求助之前，多赞美一下她们的穿搭品位和化妆技巧，相信她们会很乐于分享经验、提供指导。

实用 tips

❶ **与"美商"高的人相处**。花时间深入了解"美商"高的人的价值观和生活方式，这将有助于你更好地理解和尊重她，尝试找到你们之间的共同价值和兴趣，这将有助于建立更深厚的友谊。

❷ **建立真诚和信任的关系**。与人相处避免虚伪和表面的交往，而是努力建立一种真诚、信任的关系，在交往中保持诚信和透明，这将有助于建立和维护信任。

❸ **保持良好的沟通和理解**。学会有效沟通，包括倾听"美商"高的人的想法和感受，以及表达自己的想法和感受。

第二章 社交：始终和其他女性保持同频共振

4

想要做众星捧的"月"，就要自己先发光

我们生活在一个须时刻关注外界动态，也时刻期望被他人看见和认可的社会。特别是在社交场合，每个人都希望自己能够吸引他人的目光，获得他人的认可。然而，就像"众星捧月"，也需要月亮首先照亮夜空，我们想要获得别人的认可，也需要通过自己的努力和坚持，点燃内心的火把，照亮自我，才能成为别人眼中的"明星"。

我曾经接触过一个叫小燕的女孩，在社交场合，她总是显得格外紧张和不自在。然而，她告诉我，她一直渴望能够成为那个被人羡慕、闪耀人群的女孩。

我告诉小燕："每个人都是独一无二的，都有自己的特色和魅力，你

 无龄密码

> 需要发现自己、认识自己、接纳自己。当你真正明白自己想要什么，真正理解自己的价值后，你就会发现，原来自己也可以闪闪发光。"我还给她分享了一些实用的技巧，比如学会主动、学会表达、学会欣赏、学会感恩等。
>
> 经过一段时间的努力，小燕终于走出了自己的舒适区，她学会了主动参与社会活动，学会了面对一群陌生人时勇敢地表达自己，她开始感受自己的存在，开始欣赏自己的美。

小燕的故事，给我们展示了一个普通人如何通过自我认知、自我提升，让自己从内心发光的过程。

每个人都有可能成为那颗发光的星星，只要我们愿意去努力，去尝试，去接受自己。我们可以参加一些健身活动、兴趣小组或行业小组，通过自己的兴趣爱好和专业交流结交一些志同道合的新朋友，增加社交活动的频率，让自己被更多的人了解、熟悉，在社会交往中自然地展示出自己的光芒，以此获得别人的认可。

同时，努力提升自己的专业技能和知识储备，在群体交流时获得大家内心的认可。我们的侃侃而谈、自信从容，都可以展现出无关年龄和容貌的人格魅力，展示出自己卓尔不群的一面，自然而然地就能成为人群中的焦点。

不断充实自己的"内在美"，更容易获得持久的光芒。

▲ 自我提升

第二章 社交：始终和其他女性保持同频共振

生活中的每一个场景、每一个人，都能助我们成长。不要等待别人来赋予我们价值，只有我们敢于挑战自我、接纳自我、展现自我，才能真正成为闪耀的星星。

> **实用 tips**
>
> ❶ **个人成长和自我提升**。不断学习新知识和技能，保持对世界的好奇和热情，设定清晰的个人职业目标，并努力实现它们，展示你的能力和决心。
>
> ❷ **建立独特的个人风格**。无论是在穿着打扮还是在言谈举止中，找到并坚持你的个人风格。在你的专业领域内掌握专业知识并建立声誉，成为该领域的意见领袖。
>
> ❸ **建立良好的人际关系和社交网络**。学会良好的沟通技巧，包括倾听和表达，以建立和维护良好的人际关系，与他人建立互助和合作的关系，共同实现目标，取得成功。

5
美的皮囊，并非征服人心的万全之策

在这个充斥着视觉刺激的时代，一些女性习惯用外在的美丽去吸引他人的目光。然而，我们必须意识到，虽然外表的美丽可能会让人印象深刻，但它并不是建立真挚人际关系的唯一方法，甚至不是最有效的方式。

> **丽莎**
>
> 丽莎是一位极具吸引力的女性，她身材高挑、匀称，有着瓷器般白皙的皮肤和一头乌黑的长发。在社交场合，丽莎的出现总是能够吸引所有人的目光，她仿佛一颗璀璨的明珠，闪耀在人群之中。
>
> 然而，尽管丽莎在外表上极具吸引力，但她发现自己始终无法建立起真挚的人际关系。尽管有很多人愿意和她交谈，但大部分的交谈都停留在表面，无法触及更深的层次。丽莎感到了困惑，她开始质疑自己：

第二章 社交：始终和其他女性保持同频共振

是不是我不够好？是不是我的外表吸引了别人，但我的内在却没有足够的吸引力？

在心理医生的引导下，她开始进行自我反思和探索，丽莎发现，人们对她的认识仅限于她的外表，对她内心的认识却是空白的。她意识到，虽然外表的美丽可以吸引人，但它并不能维持人们对自己的关注，也不能帮助她结交到推心置腹的好朋友。于是，丽莎开始改变自己的交际方式，她不再只依赖自己的外表，而是开始主动展现自己的内心世界，分享自己的思想和感受。

这个改变给丽莎带来了惊人的结果。人们开始更加关注她的思想、她的感受、她的经历。丽莎发现，当她开始以真实的自我去面对别人时，别人也会以真实的自我回应她。她也开始建立起真挚的人际关系，这种人际关系比那些以外表为基础的关系更加深入，更加有价值。

如果单纯地"以美示人"，反而容易让人觉得这个人并非愿意真心交往。

▲ 社交障碍

无龄密码

丽莎的故事告诉我们，徒有其表、以美示人，并非征服人心的万全之策。我们需要的是真诚的自我，是对自己内心的了解和接纳，是对他人的尊重和理解。我们只有将外表的美丽与内心的美丽相结合，才能真正发光发热，真正吸引他人，真正建立起深入的人际关系。

我们要致力成为一个秀外慧中的人。要让自己拥有更丰富的阅历、更宽广的格局、更远大的眼界，用知识充实自己的头脑，用礼貌升级自己的谈吐。

美，不仅仅在于皮囊，更在于骨子里的光华与自信。不要忘记在社交场合展现自己的内在美。因为，我们每个人都是独一无二的，每个人的内在都充满了魅力。只有我们敢于展现、敢于分享，我们的内在美才能真正被看见、被欣赏、被接纳。

实用 tips

❶ **培养内在品质**。始终保持诚实守信的品质，展示善良和尊重他人的品格，最重要的是努力学习和提升自己，展示你的知识和能力，而不是仅仅依赖外貌来吸引他人注意。

❷ **与他人建立真诚和深刻的连接**。学会倾听他人的想法和感受，展示你的理解和关心，尝试找到可以和他人共享的兴趣，这有助于与他人建立更深层次的连接。

❸ **展示多元的魅力**。努力发展多方面的才艺和兴趣，展示你的独立和自信，这将有助于你吸引到更多的人。

第二章 社交：始终和其他女性保持同频共振

给攀比心做减法，别窥探别人的生活

攀比心理源自人类的本能，我们常常希望比别人获得更多、得到更好的东西。人们常常忍不住拿自己与别人进行比较，不停地窥探，想要看看别人是否比自己更加幸福、成功、美好，甚至因为别人比自己过得好而心生沮丧甚至妒恨。

在社交媒体的影响下，攀比心理被放大、扭曲，变成了一种不健康的心态。比如，当我们在社交平台上看到别人晒出豪车豪宅、五星级酒店、高端时尚品牌的照片，可能会"羡慕嫉妒恨"，觉得自己的生活相比之下显得十分平庸。

这种攀比心理不仅让人感到焦虑和不安，还可能会使人对自己产生负面的情绪和评价，导致人与人之间的关系出现裂痕。

我们应该明白：那些比我们更年轻、更漂亮、更富有的人，他们也有自己的优点和短处，他们也需要理解和关心。而且，社交媒体上的"晒"

 无龄密码

是别人精心挑选和编辑过的生活片段,并不一定反映真实的生活。很多时候,人们只会将自己最美好的一面展现给别人,而隐藏起生活中的不如意和挫折。然而真实生活中,我们需要的不是去比较,而是去欣赏、理解,去发现别人的美,同时也要认识自己、欣赏自己、善待自己。**每个人都是独一无二的,都有自己的特色和魅力,没有必要时时处处去和别人比较,而且这种比较对我们的生活也毫无意义。**

为了减少攀比心理的影响,我们可以采取一些积极的措施。

关注内心。学会倾听自己内心的声音,了解自己真正的需求和价值。不要让他人的优势和成就左右自己的情绪和价值判断。

珍惜当下。学会珍惜自己现有的生活和成就,不要总是把关注焦点放在别人身上。每个人都有自己的生活轨迹和节奏,没有必要拿自己与别人刻意比较。

我们要记得,攀比并不能让自己去过他人的生活,我们需要的是过好自己的生活。

▲ 拒绝攀比

第二章 社交：始终和其他女性保持同频共振

实现目标。 设定自己的目标，并为之努力奋斗。专注于实现自己的梦想和愿景，而不是盲目跟风他人的生活方式。

建立支持系统。 与志同道合的朋友建立良好的支持系统，共同成长和进步，相互支持和鼓励，共同防御攀比心理带来的困扰。

真正的美丽和幸福是源自内心的满足，而非外表和物质的攀比。 给攀比心做减法，是我们建立健康社交关系和提升幸福感的重要一步。让我们专注自己的成长和进步，珍视自己的生活，这样才能在社交中真正保持真实的自我。

❶ **自我反思。** 定期进行自我反思，了解和认识自己的优点和缺点，建立独立的价值观，不要过分依赖外界的评价和认可。

❷ **避免沉迷社交媒体。** 社交媒体是攀比心的一个重要来源，设定每天使用社交媒体的时间，避免过度沉迷，有意识地选择你关注和愿意互动的社交媒体内容，避开那些可能引发攀比心的内容，意识到社交媒体上展示的往往是他人生活的精华部分，而非全部真实情况。

❸ **培养感恩和正向心态。** 养成写感恩日记的习惯，每天记录你要感恩的事物和时刻，培养正向心态，学会看到生活中的美好和积极方面。

第三章 职场：别让自己活成历尽沧桑的样子

在这个快节奏、竞争激烈的社会中，我们很容易被职场压力、恐惧和焦虑困扰，这也让我们在职场上常常感到自己仿佛经历了沧桑打击，无法得到真正的满足和成长。在这一章中，我们将一起探讨如何在职场上保持积极心态，如何应对挑战和压力，如何保护自己不被工作的压力影响，从而在职场上和生活中都能活得更加精彩、更加自信。

匿名提问：
职场如战场，我该怎么生存下去？

"职场如战场，在充满了年轻活力和新思想的职场中，我感觉自己逐渐失去了初入职场时的那份勇气和自信。每天穿梭在高楼大厦间，我不禁会感到一种无形的压力和焦虑。尤其是面对雨后春笋一样的新人，我没有他们那张可以轻易打动人的脸，也没有年轻人那种无所畏惧的勇气，内心更加焦虑。

"我的经验和智慧是否还能够帮我在这片战场上占有一席之地？随着时间的推移，我担心自己被这股新的、年轻的力量淹没。但是，每天站在公司的大楼前，我都会深吸一口气，提醒自己不能就这样轻易放弃。我知道自己需要找到一种新的方式，一种可以让我在这片充满竞争和挑战的战场上生存下去的方式。

"我想请教，面对这样的职场环境，我该如何调整自己的心态和策略，以保持自己的竞争力和市场价值？在没有了年龄优势和容貌加分这两个因素后，我怎样才能够展示出我的独特价值？"

来看看那些女强人的魅力进化之路　敲黑板

女性在职场上的成功，并不仅仅取决于年轻的外表或者优越的年龄。事实上，那些顶尖的女强人成功的背后，是强大的专业能力、出色的领导才能、无比的决心和勇气，和高度自信。

不要过分在意自己的年龄或者外貌，相反，我们需要关注的是如何提升自己的专业能力、领导力，如何保持积极的态度，如何建立健康的生活方式。

35岁职场危机,该如何破局

对女性而言,年龄似乎早已成为某种不可言说的隐形标签,制约着我们的行动和选择。特别是在某些行业和岗位上,人们似乎对"35岁以下"的年轻员工赋予更高的期待和更大的压力。

当然,年轻的员工往往更具有活力和创新精神,更愿意接受新的挑战和改变。但是,"35岁以下"的标签却给他们带来了一种压力,那就是在到达这个年龄之前,他们必须取得足够的成就,否则就会被视为失败。这种压力可能会导致过度工作,忽视健康问题,甚至忽视个人生活和家庭。

"35岁以下"的标签也对那些超过这个年龄的员工产生了负面影响。他们可能会感到自己的职业发展受到了限制,甚至可能会因此而遭受歧视。他们可能会担心自己被更年轻的员工取代,或者担心自己的经验和技能被忽视。

第三章　职场：别让自己活成历尽沧桑的样子

职场危机

LinkedIn（领英）的一项研究显示，超过一半的职场人士表示在35岁前感到了职业倦怠。同时，在35岁以上的群体中，有1/3的人感觉自己在职场中受到了年龄歧视。

因此，"35岁以下"这个标签，实际上是很多人的心灵隐痛。它无视了每个人的独特性和价值，将年龄视为衡量个人价值和能力的主要标准。**但是，我们应该明白，每个人的职业发展道路都是不同的，我们不能仅仅根据年龄来判断一个人的价值和能力。**

35岁职场危机最主要表现是职业发展进入瓶颈期，你需要积极进行自我提升，学习新知识，掌握新技能，提高自己的工作能力和竞争力。

▲ 职场危机

那么，我们如何应对这个问题呢？

改变我们对年龄的看法。我们不应该将年龄视为衡量个人价值和能力的主要标准，应该更加关注自己的经验、技能和潜力，而不是我们的年龄。

年龄只是一个数字，不能决定我们的价值，不要让年龄成为限制我们发展的障碍。古往今来，厚积薄发、大器晚成的人比比皆是。即使中年创业也不算晚，只要能抓住机遇，我们多年积攒的工作经验和人生阅历反而是出奇制胜的杀手锏。

提高自我认同。每个阶段的女性都有着独一无二的魅力和能力。我们可以经常自我鼓励：不论年龄大小，只要我们有决心、有热情、有毅力，就可以在职场上取得成功。

遇到棘手的工作任务时，不要悲观地认为"我年纪大了、反应慢了，估计难以胜任"，而要乐观地自我暗示："比起那些职场新人，我见过更多的大风大浪，更了解这些问题的前因后果和解决方法，可以更快速地找到发力点，我有能力也有信心解决这件事情。"

❶ **重塑自我认知**。定期回顾并认识自己的成就和经验，强化自我价值感。持续学习和更新知识体系，保持与时俱进的心态。

❷ **建立多元的职业网络**。积极与不同年龄段的职场人士进行交流和合作，拓展视野和资源，参与行业研讨会和网络圈子，建立和维护专业网络。

❸ **优化职场策略和技能**。定期评估和强化自己的职业技能和能力，保持竞争力。有意识地进行职业长远规划，通过清晰的目标来驱动自己的能力发展。

第三章　职场：别让自己活成历尽沧桑的样子

2. 过度自我施压，只会让工作更繁重

对于很多人来说，职场压力成了生活的一部分。任务繁重、时间紧迫、竞争激烈……这些压力让我们感到紧张、焦虑，甚至力不从心，每天起床都是一脸疲惫，对上班这件事情产生了深深的抗拒心理。

然而，我们是否真正思考过，究竟是什么给我们带来了职场压力？

 职场压力从何而来

职场压力的来源并不仅是外在的工作负担，更多的是内在的自我施压。我们的内心状态对职场压力的感受程度有着直接的影响，换言之，繁重的不是工作本身，而是自我施压的内心。

职场压力

《哈佛商业评论》2018年的一篇文章报告了一项研究，该研究对1000多名员工进行了调查，结果发现自我施压是职场压力感的主要来源。研究发现，高自我施压的员工比低自我施压的员工的压力感高出50%左右。而且，高自我施压的员工在工作满意度、工作绩效和生活满意度方面也表现得更差。

首先，我们往往过度要求自己，设定过高的目标，期望自己在任何时候都做到最好。当我们达不到这些过高的标准时，就会感到职场压力。

其次，我们往往过于在意他人的评价，总是担心自己的表现不尽如人意，担心失败会影响到自己的声誉和地位。

最后，我们常常过分强调工作的重要性，忽视了生活的其他方面，如家庭、娱乐和健康等。这种单一的生活焦点使我们更容易感到职场压力。

面对大量职场压力带来的坏情绪，我们需要做好情绪管理，从内心深处解放自己。

▲ 职场压力

第三章　职场：别让自己活成历尽沧桑的样子

解放我们的内心

要解决这种自我施压的问题，我们需要从改变心态入手，以下是一些可能的策略。

定下合理的目标。设定过高的目标只会让人感到失落、沮丧和压力。相反，设定合理的目标可以帮助我们感到满足和自信。

不过度在意他人的评价。我们的价值并不取决于他人的看法。我们应该关注自己的感受，做自己认为正确的事情。

平衡工作和生活。工作是生活的一部分，但不是全部。要找到工作和家庭、娱乐、健康之间的平衡点，让生活更加多元化。我们可以通过冥想、练瑜伽、阅读、听音乐等方式来放松身心，这样不仅可以提高工作效率，也能让自己在职场中始终保持最佳状态，展现出从容的美。

所以，当我们在职场上感到压力时，可以暂停下来，转向内心，找出压力真正的源头，然后设法改变它。与此同时，学会调整自己的心态，接纳并珍视自己的真实感受。记住，只有当我们真正照顾好自己，才能在职场上发挥出真正的实力，活出真正的自我。

实用 tips

❶ **平衡工作与生活**。工作不是人生的全部。学会进行有效的时间管理，确保工作和个人时间的合理分配，在必要时学会减少工作负担，保护自己的精力和健康。

❷ **发展个人兴趣爱好**。工作之余，可以投资个人兴趣爱好，这可以帮助你放松心境和恢复精力。

❸ **积极求助，寻求指导**。在遇到困难和挑战时，要积极寻求帮助和指导，尤其是寻求朋友和家人的情感支持。

3. 竞争时不需要打败所有对手

在生活中，竞争无处不在。无论是在学校、职场，还是人际关系中，我们都会遇到各种各样的竞争对手。**在严酷的职场中，我们更容易陷入一个误区：必须打败所有的竞争对手，才能取得成功。这是一种过于简化和极端的竞争观念。**

首先，我们需要明白，竞争并非你死我活。在竞争中，我们的得失并不完全依赖于对手的表现，我们的成功也并非建立在别人的失败之上，打败竞争对手并不是唯一的成功途径。竞争者间完全可以共同进步、共同发展。

其次，过度关注竞争可能导致我们忽视更重要的事情：自我提升和进步。我们的精力是有限的，如果全部投入到和别人的竞争中，丧失了做好自己工作的冷静和专注，就可能忽视自我发展，失去提升自我价值的机会。

第三章　职场：别让自己活成历尽沧桑的样子

职场竞争本质上是一种博弈，零和博弈与负和博弈都不是我们想要的结果，在竞争中合作才是博弈的好选择。

▲ 职场合作

再次，"打败所有竞争对手"的想法往往源自一种过度的焦虑和不安全感。这种心态可能让我们在生活和工作中过度紧张和焦虑，无法真正享受生活，甚至可能会对我们的身心健康造成负面影响。

比如，天天心力交瘁、工于心计，以致年纪轻轻就一副忧心忡忡、老谋深算的样子。再比如，某次岗位竞争失败后，心情低落，仿佛受到精神重创一般，失去原本的活力和干劲。

最后，如果我们一味地追求"打败所有竞争对手"，可能会在人际交往中树立大量的敌人。这不仅会给我们的社交带来困扰，也会给我们的心理带来压力。

我们的目标应该是成为最好的自己，而不是打败所有竞争对手。面对职场的压力和挑战时，这种心态会使人更有力量，更有决心，更有信心。

> **实用 tips**

❶ **建立合理的期望和目标**。设定具体、可衡量、可实现、内容相关和有时限的（SMART）目标，以保持你的职业发展在正确的轨道上。庆祝小胜利和成就，而不是仅关注大目标。

❷ **发展合作和团队精神**。尽可能寻找合作和共赢的机会，而不是单纯地竞争，强化团队合作和交流，共同努力实现团队目标，向同事和团队成员学习，而不是将他们视为竞争对手。

❸ **保持学习和自我提升能力**。保持对新知识和技能的学习和探索，以提升你的竞争力，在专业发展方面持续投资，包括参加研讨会、培训和网络活动等。

第三章 职场：别让自己活成历尽沧桑的样子

4. 一切从简，让工作更高效轻松

在这个快节奏、信息爆炸的时代，我们往往在纷繁复杂的工作任务中感到压力巨大、身心俱疲。而许多压力，实际上源自我们对工作的复杂化处理。如果能够将工作简化，专注于最重要的任务，那么工作就能变得更高效、更轻松。

世界知名科技公司谷歌十分注重工作简化。谷歌鼓励员工关注最重要的任务，同时提供了许多高效的工具和技术，帮助员工提高工作效率。

比如，谷歌的"20%时间"策略，就是让员工把80%的工作时间用在本职工作上，剩下20%的时间可以用来探索和实现自己的创意。

> 这个策略不仅帮助员工减少了无效工作,提高了工作效率,还催生了许多创新的产品和服务,比如 Gmail 和 AdSense。

如何做到这一点呢?

明确优先级。什么是最重要的任务?什么是次要的任务?哪些任务是可以放在最后进行的?我们应该根据紧急程度和重要性来区分任务,把更多的精力和时间投入到最重要的任务上。

提高工作时间管理效率,把握好工作的优先级和精力分配。

▲ 精力分配四象限法则

减少无效工作。无效工作是指那些看起来很忙碌,实际上对结果没有实质性影响的工作。例如,过度的会议、过于繁琐的报告等。我们需要识别并减少这些无效工作,把时间和精力留给真正重要的事情。

利用工具和技术。现在有许多高效的工具和技术可以帮助我们简化工作流程,例如时间管理工具、项目管理软件等。我们通过这些工具和技术,可以更好地组织和管理工作,提高工作效率。

第三章 职场：别让自己活成历尽沧桑的样子

保持清晰的头脑。复杂的工作往往会让我们的头脑变得混乱，影响我们的决策和执行。因此，我们需要定期对自己的头脑进行"清理"，保持清晰和冷静，才能更好地应对工作中的挑战。

养成良好习惯。保持良好的作息、健康的饮食、规律的锻炼，不仅能让我们在工作中更有条理和效率，也能让我们在生活中更有活力。

工作的简化不仅能让我们的工作更高效，更重要的是它可以让我们有更多的时间和精力去做我们真正喜欢和关心的事情。这样，工作就不再是一种负担，而是充满乐趣，能够让我们获得满足感。

实用 tips

❶ **简化工作流程**。利用现代工具和技术来简化重复性的工作任务。同时，保持清晰和简洁的沟通，避免不必要的误解和混淆。

❷ **确定任务优先级**。集中精力完成最重要和最紧急的任务，尽量避免多任务同时处理，而是集中精力完成一项任务后再转向下一项。可以为每个工作日设定明确和可实现的目标，以保持你的关注焦点和动力。

❸ **做好时间管理**。使用时间块管理技术，将你的工作时间分成专注于特定任务的时间块。学会避免拖延，及时完成任务，从而避免最后时刻的压力和焦虑。

5 缺乏底蕴，你的美丽将不堪一击

每个人都希望自己的美丽可以长久，不被岁月磨灭。然而，只有外在的美丽，没有内在实力和底蕴的美丽是脆弱的，是不堪一击的。

"美"是一个多维度的概念，**不只在于表面的相貌和身材，更在于内心的修养和人格的魅力**。有些女性，即使年华老去、容颜不再，但因为她们的智慧、气质和魅力，仍然能够散发出独特的美，这就是底蕴和实力带来的美。

在职场中，我们不仅需要关注自己的外在形象，更应该注重提升自己的专业能力和人格修养。这样无论面对任何挑战，我们都能保持自信和魅力，让自己的美丽更具有深度和持久性。

第三章　职场：别让自己活成历尽沧桑的样子

谢丽尔·桑德伯格

Facebook前首席运营官谢丽尔·桑德伯格（Sheryl Sandberg），在40岁那年被《福布斯》杂志评为全球最有影响力的女性之一，这并非由于她的外表而是职场实力。她不仅在职场上取得了巨大的成功，自身还是女权主义的积极倡导者，她的书《向前一步：女性、工作与领导力的意愿》深深影响了全球的女性，鼓励女性在职场中更加自信、勇敢。

美丽无疑包括外在的魅力，但在职场中，美丽若无实力和底蕴的支撑，就会变得无力和空洞。我们应该如何让美丽在职场中变得有实力和底蕴呢？以下是几点建议。

提升自我能力。从事任何行业，担任任何职位，首先都需要我们具备相应的专业技能和知识。不断学习，提升专业素质，是在职场中展现实力的基础。这也是美丽的底蕴，因为它让我们在任何时候都能处理好工作，展现出自信和从容。

注重个人品质。一个人的修养和品质，往往能直接影响到他人对自己的评价。积极的工作态度，良好的职业道德，以及稳重、真诚的性格，都能让我们在职场中更具魅力。

展现自我风格。每个人都是独一无二的，都有自己的价值观、审美观和生活方式。在职场中，人云亦云的跟风者很难成为管理者和领导者。

我们可以通过穿着、言谈、工作方式等来展现自我风格和独立思想。**真正的美丽，不只是外在，更是内在的智慧、能力和魅力的体现**。在这个充满竞争和挑战的世界，我们必须明白，仅凭一张靓丽的面孔是无法长久立足的。让我们用心去丰富和提升自己，让自己的美丽更加深厚、持久、独特，这样我们才能在任何环境、任何年纪都光芒四射。

无龄密码

❶ **提升个人修养和学识**。投资于自我教育,不断丰富自己的知识和见识。定期阅读,增加文化涵养和深度。参与艺术和创意活动,培养审美能力和创造力。

❷ **增强个性和自信**。深入了解和认识自己的个性和特点,展示你的独特之处。通过建立自信和自尊,展示真正的自我。

❸ **建立良好的人际关系**。培养良好的社交技能,学会与不同的人有效交流和互动。学会展示善良和同理心,关心和帮助他人。

❹ **践行健康的生活方式**。采纳健康和平衡的生活方式,包括合理的饮食和定期的运动。重要的是照顾你的心灵和精神健康,包括定期冥想和放松。

第三章 职场：别让自己活成历尽沧桑的样子

6

足够优秀，想的一切才会主动来找

在职场中，优秀是一种无可替代的资本。**优秀是一种磁场，当我们具备足够的实力时，所追求的目标和机会自然会主动向自己靠近。**无论是同事的尊重、上司的认可还是下属的支持都是如此，至于丰厚的薪资报酬、良好的物质生活等更是水到渠成。

 谷歌公司

　　谷歌公司（Google）是全球最具影响力和吸引力的科技公司之一，每年吸引着大量的顶尖人才慕名而来。这种现象的出现并非偶然，而是因为谷歌一直以来坚持着尊重人才、追求卓越的企业文化。他们在招聘时非常重视人才的能力和潜力，而不是仅看重经验和学历。
　　因为他们深知，当团队中有足够优秀的人才，团队的创造力和创新力

> 就会爆发,从而吸引更多优秀的人才加入,形成良性循环。这也是谷歌的许多员工充满激情和活力,愿意不断挑战自我、追求卓越的原因。

优秀并非一时的闪光,而是长期的积累和坚持造就的,以下是一些具体的建议。

确定目标。首先,我们需要明确自己想要的是什么。可能是理想的工作、理想的伙伴、幸福的生活,或是其他的个人目标。明确目标之后,就可以制订更具针对性的计划来达到目标。

自我提升。无论目标是什么,提升自己总是一个有效的策略。这可能涉及提升新的技能、获取新的知识、改进健康状况,或者发展更好的人际交往能力。

建立自信。自信是一种非常有吸引力的品质。设定并实现小目标是一种提高自信的方式,每一次达成一个目标,都会让我们对自己的能力有更多的信心。

积极的态度。根据吸引力法则,积极的态度可以帮助我们实现积极的结果。试着把挑战视为突破的机会,把失败视为学习的机会,而不是把失败视为终结。

保持耐心。心想事成并不会一夜之间就发生,成功需要时间和耐心。不要灰心丧气,要持之以恒地致力于自我提升,相信自己所付出的努力最终会得到回报。

拓展人脉。建立一个广泛的社会网络,可以让我们有更多的机会接触到自己想要结交的人。可以参加社交活动,加入团体,或者通过网络来拓展人脉。

展现自己。不要害怕展现我们的才能和成就。可以在社交媒体上分享自己的成就,或者在聚会中讲述亲身经历。

第三章　职场：别让自己活成历尽沧桑的样子

优秀是一种永恒的追求，它让我们不断进步，不断成长，让我们在职场中始终保持活力和竞争力。无论面对怎样的挑战和机遇，都让我们以优秀者为榜样，勇往直前，创造出更加美好的未来。

> **实用 tips**
>
> ❶ **积累专业技能和知识**。不断学习新的知识和技能，保持自己在所处领域里的领先地位。
>
> ❷ **展示专业能力**。在适当的平台和场合展示你的专业能力和成就，吸引更多的关注和认可。
>
> ❸ **建立个人品牌**。有意识地建立和维护你的个人品牌，展示你的独特价值和特点，例如，利用社交媒体和网络平台来提升你的影响力和知名度，或者积极参与相关的社群和组织。
>
> ❹ **建立良好的人际关系**。建立和维护良好的人际关系，这将为你带来更多的机会和支持。
>
> ❺ **展示领导力**。在适当的场合展示你的领导力和影响力，吸引更多的关注和支持。

第四章 护肤：精致女人的「面子工程」

　　美，是要花时间和心血去磨砺的。在我们的日常生活中，护肤就是那把磨刀石，它不仅能让我们的肌肤在外观上焕发出光彩，更能帮助我们找到内心自信。健康的肌肤，是自我关爱的很好的呈现方式。这一章，我们一起揭开护肤的神秘面纱，走进那个有关自我关爱和与时光抗衡的美丽世界。

匿名提问：

护肤品只用贵的，为什么皮肤反而越来越差？

"每天早晚我都会在镜前花费起码两个小时的时间，仔细地按照护肤品的使用说明，一步步地涂抹在脸上。我甚至为此特地购买了一些被誉为'神仙水'的高级护肤品，期待它们能给我的皮肤带来奇迹。

"但是，随着时间的推移，皮肤状态不仅没有得到改善，反而出现了一些我之前未曾有过的问题。用的护肤品越贵，我的皮肤反而越糟糕，皮肤变得干燥、敏感，甚至开始出现一些小红疹和痘痘。

"是不是我没有正确使用这些产品？或者是我的皮肤有特别的问题需要专业的治疗？每当我看到镜中的自己，都感到非常困扰和失望。我真的不知道该如何是好，急需一些专业和有效的建议来解决这个问题。"

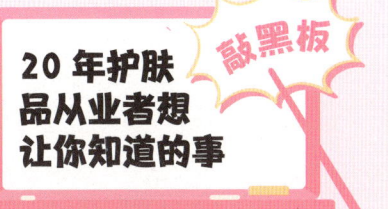

20年护肤品从业者想让你知道的事 敲黑板

肌肤的健康并非仅取决于我们使用的护肤产品。 正确的护肤观念，是需要我们了解自己的肌肤类型和护理需求，而后选取适合自己的产品。**另外，肌肤的状态也会受到饮食、作息、压力等因素的影响。**

所以，护肤其实是一种全方位的生活态度和生活方式的体现。我们需要在日常生活中做好肌肤保养，在这个过程中找到适合自己的护肤方式，让肌肤恢复健康、美丽的状态。

 无龄密码

1 护肤科技解密：光子、射频等前沿技术

随着科技的进步，现代护肤方法已经远远超过了基础的清洁、滋润和保护，诸如光子美容、射频紧肤等前沿护肤技术已经逐渐走入大众视野，成为改善肌肤状态的重要手段。这些先进的护肤科技如何帮助我们更好地保护肌肤呢？让我们一起来揭开它们的神秘面纱。

 光子美容

光子美容是近年来备受瞩目的一种皮肤护理技术。它主要通过发射特定波长的光线，对肌肤进行深层照射，来刺激肌肤的自我修复。如红光光子疗法可以刺激皮肤胶原蛋白的生成，从而达到紧致肌肤、减少细纹的效果。

第四章 护肤：精致女人的"面子工程"

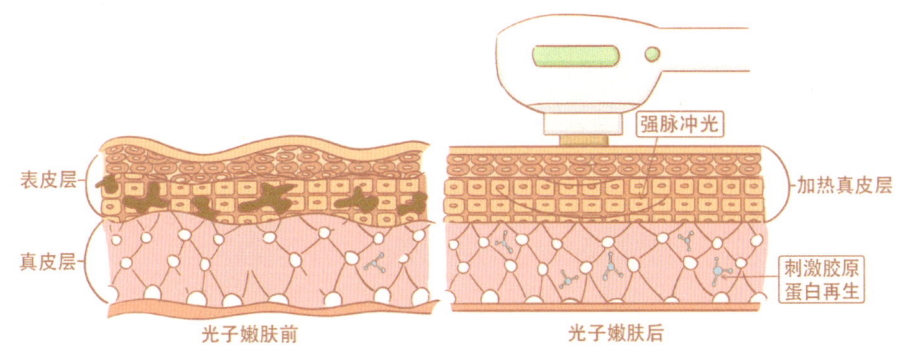

▲ 光子嫩肤示意图

射频紧肤

射频紧肤技术是通过高频率电磁波的热效应，刺激皮肤深层胶原蛋白的再生和重塑，使肌肤收紧，提升肌肤弹性。射频紧肤在改善肌肤松弛、下垂等问题上具有显著效果，而且一般不会引起皮肤表层的损伤，适合大多数肌肤类型。

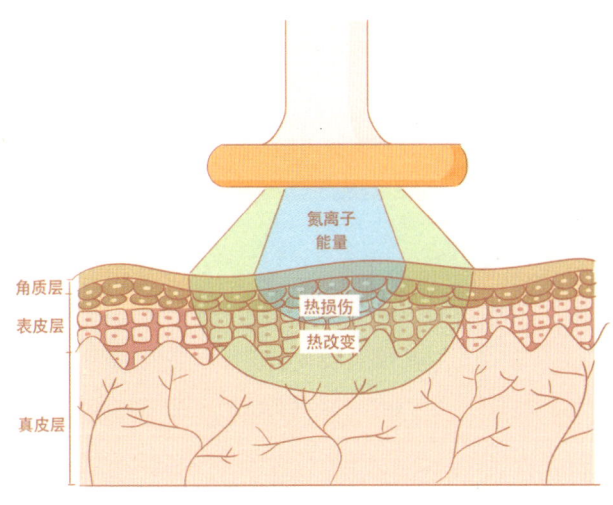

▲ 射频紧肤示意图

 无龄密码

射频紧肤的效果

2019 年的一项研究指出,射频紧肤治疗后的 3 个月,受试者的皮肤紧致度和弹性均有显著提高。而在 6 个月后,这些改善效果仍持续存在。这足以证明射频紧肤的长效性和效果持久性。

激光美容

激光美容也是近年来广受欢迎的护肤科技之一。激光可以根据其特定的波长和强度,作用于皮肤的不同深度,以此解决各种皮肤问题,如雀斑、黄褐斑、红血丝等。不同类型的激光适用于不同的问题,如调 Q 激光对痣、斑点有良好的治疗效果,而二氧化碳激光可以有效改善皮肤老化问题,提升肌肤紧致度。

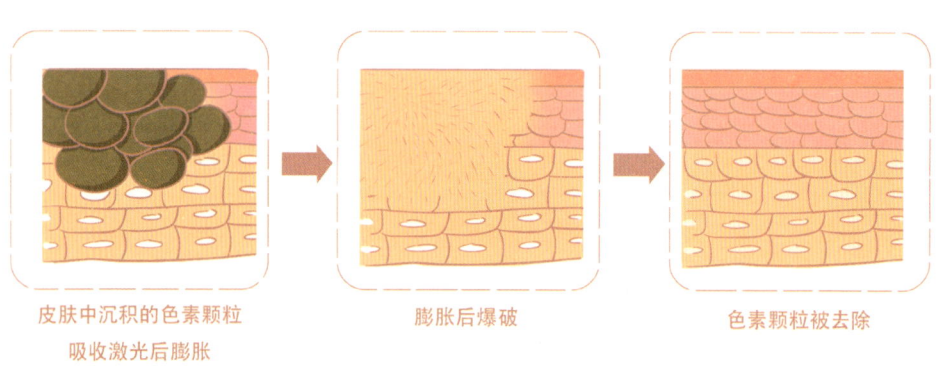

皮肤中沉积的色素颗粒吸收激光后膨胀　　膨胀后爆破　　色素颗粒被去除

▲ 激光美容示意图

微针技术

这是一种通过在皮肤上创造微小刺孔,以引发皮肤自我修复和刺激胶

第四章 护肤：精致女人的"面子工程"

原蛋白生成的技术。微针可以与其他护肤技术如光子美容、射频紧肤等配合使用，以增强效果。微针技术可以用于改善皮肤粗糙、色素沉着、痤疮印等问题。

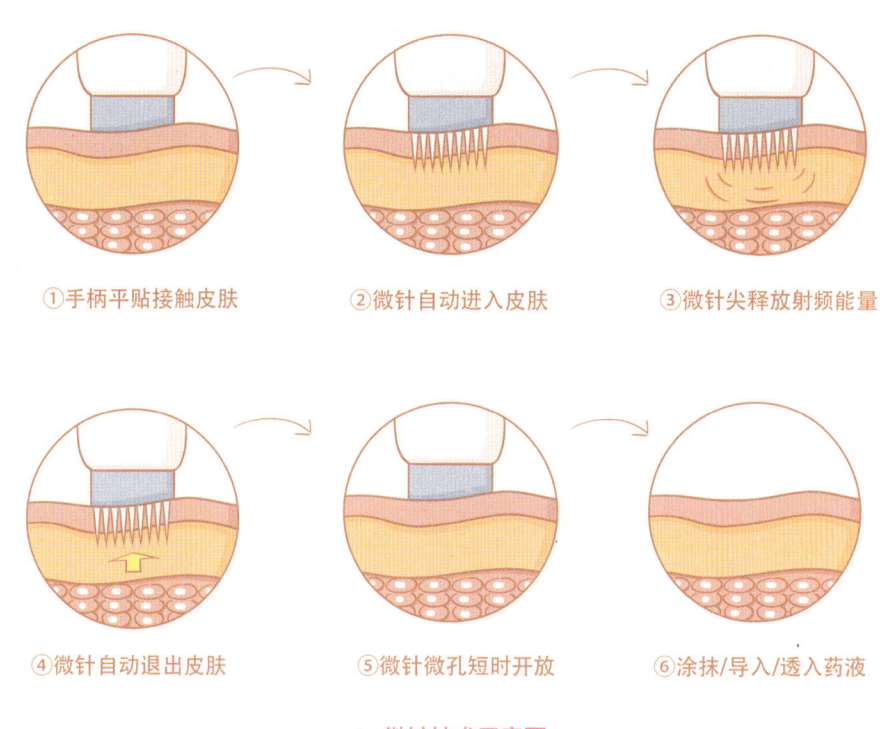

▲ 微针技术示意图

虽然这些先进的技术看起来神奇有效，但我们需要知道：**护肤技术并非万能的。不同的人、不同的肌肤问题，都需要有针对性地进行治疗。**在选择使用这些技术之前，最好先咨询专业的皮肤科医生或美容师，了解自己的肌肤状况和需求，避免盲目跟风，甚至造成不必要的皮肤问题。

 无龄密码

❶ **了解技术原理**。在选择医美护肤之前,深入了解每个医美技术的基本原理,以便对症下药。

❷ **选择合适的疗程**。根据你的皮肤问题和类型,选择合适的疗程和使用频率。

❸ **选择合格的机构**。选择有资质和丰富经验的美容机构进行医美疗程,避免不必要的风险和不良反应。

❹ **注意后续护理**。疗程后,注意做好皮肤的保湿和防晒工作,避免皮肤受到二次伤害,可以配合适当的护肤品来保持皮肤的健康和治疗效果。

第四章 护肤：精致女人的"面子工程"

护肤新战法：全年龄段护肤大攻略

护肤不仅是一个日常生活中的小习惯，它的重要性远超我们的想象。尤其是在现代社会，随着环境污染程度加深和社会生活压力增大，我们肌

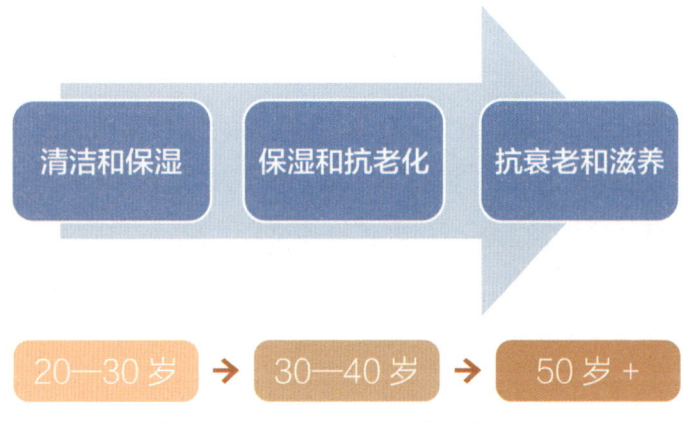

随着年龄的变化，护肤重点也要相应进行调整。
▲ 不同年龄段的护肤要点

肤面临的挑战也越来越多。**无论是从个人美丽的角度，还是从健康的角度考虑，我们都需要有针对性地进行护肤，要根据自身年龄段及皮肤特点，采取不同的护肤策略。**

20—30 岁的护肤要点

此时，我们的皮肤仍然处于年轻活跃的状态。在这个时期，肌肤的新陈代谢速度较快，皮脂腺和汗腺的分泌也较为旺盛，所以最常见的问题可能是皮肤油脂分泌过多、毛孔堵塞导致的粉刺和痤疮。

因此，这个时期的护肤重点应该是清洁和保湿。 选择温和的洁面产品，坚持每日两次的清洁，能有效去除皮肤表面的多余油脂和死皮，减少痤疮的发生。此外，保湿同样重要，选择含有适量保湿成分的产品，能帮助皮肤保持适当的水分，预防皮肤干燥问题。

30—40 岁的护肤要点

这个年龄段，皮肤的新陈代谢速度开始减慢，皮肤的自我修复能力也会逐渐下降。这个时期的皮肤可能会出现干燥、细纹、皱纹等衰老迹象。

因此，这个时期的护肤重点需要转向保湿和抗老化。 使用含有抗氧化剂、胶原蛋白、透明质酸等成分的护肤产品，能有效地对抗氧自由基的损害，防止皮肤老化，保持皮肤的弹性和光泽。此外，定期进行深层清洁和去角质，也能帮助皮肤保持清爽，减少粉刺和毛孔堵塞问题。

50 岁以后的护肤要点

进入 50 岁以后，皮肤的新陈代谢速度进一步下降，皮肤的弹性减少，皮肤干燥、皱纹、色斑等问题可能会更加明显。

第四章 护肤：精致女人的"面子工程"

因此，这个时期的护肤应该更加注重抗衰老和滋养。选择含有高浓度抗老化成分的产品，能有效提升皮肤的紧致度和弹性，延缓皮肤衰老速度。同时，增加使用滋养型产品频率，如含有天然植物油、维生素 E 等成分的护肤品，能为皮肤提供足够的营养，防止皮肤干燥和粗糙。

总的来说，随着年龄的增长，我们的皮肤会面临不同的挑战，因此需要不断调整我们的护肤策略。不管处在哪一个年龄段，要有针对性地解决自己的皮肤问题，这样才能拥有健康美丽的皮肤。

❶ **青少年时期（13—18 岁）**。清洁为主，简单保湿，开始防晒。

❷ **青年时期（19—25 岁）**。基础护肤，抗氧化入门，定期去角质。

❸ **成熟时期（26—35 岁）**。开始抗衰老，注重眼部护理，定期敷面膜。

❹ **中年时期（36—50 岁）**。深层抗衰老，重视颈部护理，定期专业护肤。

❺ **老年时期（50 岁以上）**。密集保湿，抗皱为主，定期皮肤检查。

3
护肤品选择：适合自己的才是最好的

"什么？九块九包邮的乳液你也敢买？不怕烂脸吗？"朋友一脸关切地说。

"正所谓一分价钱一分货，这款眼霜是国外进口大牌，虽然售价要1000多元，但是用户反响很好，大家都很认可，是品牌热销榜的Top1。""柜姐"如是说。

"买护肤品一定要先看成分表，含酒精的不要买，含多种防腐剂的不要买，含大量增稠剂的不要买。"美妆博主再三告诫。

这些琳琅满目、种类繁多的护肤品，有的价格高达千元，有的却只需几十元，这让人不禁思考：究竟是价格决定了护肤品的品质，还是品质决定了价格？买贵的一定好吗？买便宜的会不会效果差？

第四章 护肤：精致女人的"面子工程"

护肤品价格与品牌 = 适用度

许多高价位的护肤品都以其独特的包装、华丽的广告以及激动人心的宣传文案吸引着消费者。高价格的品牌护肤品有自己的优势，尤其是许多品牌产品获得了良好的口碑和大众的认可。它们可能含有一些特殊的成分，或者使用了一些特殊的制作工艺，然而，这并不意味着它就一定适合所有人的肌肤。相比之下，有时价格只有几十元的洗面奶也能很好地完成清洁肌肤的基本工作，适合大众。

总之，护肤品的价格和品牌并不决定其对个人的适用度。一些价格适中、成分简单的护肤品也可能更适合大部分人的肌肤。**我们在选购护肤品时，一定要根据自己的肤质和肌肤状况来选择，而不是盲目追求大品牌和高价格。**

保湿面霜

以普通的保湿面霜成分为例，真正有保湿效果的成分，是甘油、透明质酸、角鲨烷等，我们选择时需要重点关注。《美国皮肤病学杂志》一份 2019 年的研究就显示，当护肤品中的保湿成分如甘油、透明质酸等的浓度超过 10% 时，就可以明显改善皮肤的水分状态。

在选择护肤品时，我们应先明白自己皮肤的需求，再根据需求选择含有相关有效成分的产品。**对于保湿，我们选择甘油、透明质酸、角鲨烷等；对于抗老，我们选择维生素 A 酸、抗氧化成分等；对于美白，我们选择维生素 C、熊果苷、烟酰胺等。**只有这样，我们才能真正从护肤品中获得所需，让肌肤得到真正的滋养和改善。

同时，我们应该拥有正确的护肤观念：**护肤品不能解决所有的肌肤问**

题，更不能替代健康的生活方式。

※ 适合自己的护肤品才是最好的护肤品，价格并不能成为衡量一个护肤品好坏的标准。

※ 护肤并不只是表面的工作，而是需要从内到外、从饮食到生活习惯全方位的进行。只有保持健康的生活方式，才能拥有健康的肌肤。

※ 护肤品只是辅助我们保持肌肤健康的一个工具，不能过度依赖它。

如何挑选适合自己的护肤品

选择适合自己的护肤品是一个需要考虑多个因素的过程，以下是一些关键点。

了解肌肤类型。首先要弄清楚我们的肌肤属于何种类型，是油性、干性、混合性还是敏感性。这将大大影响我们对产品的选择。例如，油性肌肤可能需要轻盈且非油腻的护肤品，而干性肌肤可能需要更滋润的护肤品。

	干性皮肤	油性皮肤	中性皮肤
油脂分泌	少，皮肤缺少滋润，较干燥	多，较油腻	适中
毛孔大小	细小，不明显	粗大，较粗糙	较小，较油腻
皮肤弹性	随着年龄的增长，弹性失去得早	随着年龄的增长，弹性失去得晚	富有弹性
光泽度	光泽度欠佳	有光泽，满面油光	有光泽
皮肤色泽	白皙	肤色略暗	红润
皮肤厚度	较薄，隐约可见皮下毛细血管	较厚	适中
角质含水量	<10%，缺水萎缩	适中，随着年龄增长，也会缺水	10%~20% 适中

第四章 护肤：精致女人的"面子工程"

续表

	干性皮肤	油性皮肤	中性皮肤
抵抗力	弱，对外界刺激敏感，易长色斑及皱纹	较强，对外界刺激不易敏感，但易长暗疮	强，对外界刺激不容易敏感
pH 值	弱酸性 4.5~5.0	弱酸性 5.6~6.6	弱酸性 5.0~5.6

不同肌肤类型具有不同的特征。

▲ 三种常见肌肤类型

识别肌肤问题。看自己是否有痘痘、粉刺、暗疮、细纹、皱纹、色斑、黑头或其他特定的肌肤问题，再针对性地选择护肤品，更有效地解决皮肤问题。

阅读产品成分。尽管产品包装和广告可能很吸引人，但产品的效果主要取决于其成分。学习并了解一些基本的护肤成分，例如适合敏感肌肤的无刺激性成分有哪些，或适合痘痘肌肤的去炎成分有哪些。

护肤品常见成分表

EGF 修复肌肤	神经酰胺 抗衰保湿	果酸 调节油脂	积雪草 修复镇静	二列酵母 修复肌肤	荷荷巴油 深层锁水
氨基酸 保湿锁水	角鲨烷 保湿润肤	甘油 长效补水	玻尿酸 补水保湿	马齿苋 舒敏保湿	传明酸 美白淡斑
烟酰胺 美白淡斑	熊果苷 美白提亮	曲酸 抑制黑色素	虾青素 抗自由基	金盏花 镇定消炎	水杨酸 祛痘修复
多肽 淡化细纹	视黄醇 延缓衰老	酵母 预防光老化	尿囊素 舒缓抗敏	辅酶 Q10 抗老保湿	茶树精华 净化毛孔
维生素 E 抗老保湿	维生素 C 控油抗痘	维生素 B_5 抗敏保湿	玻色因 紧致肌肤	洋甘菊 舒缓肌肤	寡肽 消炎祛痘

护肤品不同的有效成分对应着不同的护肤效果，根据自己的需求选择。

▲ 护肤品常见成分及功效

注意产品包装。产品的包装不仅要吸引人，还要能保护产品免受光线和空气的影响，因为这些都会降低产品的有效性。例如，维生素C和维生素A等成分容易在光线和空气中分解，所以它们通常被包装在深色、气密的容器中。

试用产品。在购买正装产品之前，先试用小样总是明智的，便于我们确定产品是否适合自己的肌肤，观察是否引起任何不良反应，以及是否喜欢产品的质地、香味和感觉。

记住，每个人的肌肤都是独特的，护肤品价格并不总是代表一切，高价不一定意味着效果好，低价也不一定就是差。有很多平价的护肤品效果也很好，关键还是看产品的成分和我们肌肤的需求。

❶ **了解护肤品基本成分**。学会识别和了解护肤品的基本成分，如保湿剂（如透明质酸）、抗氧化剂（如维生素C）等。在选择护肤品时学会阅读和理解护肤品的成分列表，了解每种成分的作用和效果。

❷ **选择适合自己的产品**。根据你的皮肤类型和问题，选择适合你的产品，在使用新的护肤品之前，先进行敏感测试，避免皮肤过敏和过度刺激情况。不要盲目跟风，根据你的个性化需求和目标，选择合适的产品。

❸ **结合季节和环境**。根据不同的季节和环境，选择适合的护肤品，如冬季可以选择更加保湿的产品。同时，考虑到环境因素，如空气污染和紫外线等问题，选择相应的护肤品来保护皮肤。

❹ **持续学习和更新知识**。持续学习和研究护肤品的成分和加工技术，更新的知识和信息。不要害怕实践和尝试新的护肤品，但同时也要注意观察皮肤的反应和护肤效果。

第四章 护肤：精致女人的"面子工程"

眼周护理：稍不留神，衰老就在"眼"前

在面部护肤中，眼周护理是至关重要的一环。**眼部皮肤是全身最薄、最脆弱的地方，也是最容易出现衰老迹象的区域之一。**由于眼部周围的皮肤较为薄嫩，缺乏油脂腺，容易受到外界环境的影响，加上表情频繁，使得眼周皮肤很容易出现细纹、皱纹、浮肿、黑眼圈、眼肌松弛等问题。我们希望每一位女性都能更好地进行眼周护理，避免眼周的衰老问题，保持眼部皮肤的青春和健康。

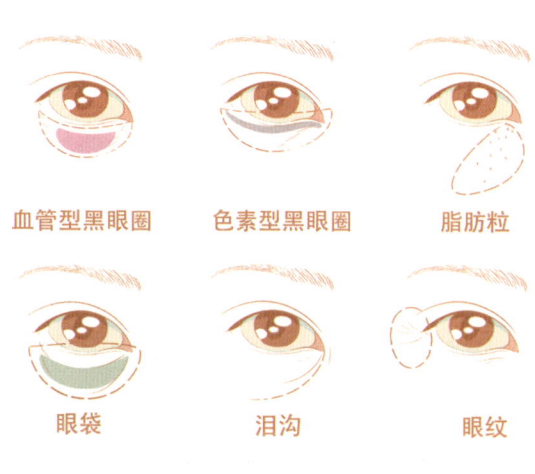

对照此图，眼部衰老问题自查。

▲ 常见眼部问题

 无龄密码

敏感的眼部皮肤

美国皮肤科学会指出：眼部皮肤的厚度仅为 0.5 毫米左右，而其他面部区域的皮肤厚度约为 2 毫米。这使得眼周皮肤对外界刺激更加敏感，更容易受损，也更容易出现衰老迹象。

许多明星和名人都非常重视眼周护理，他们常常在社交媒体上分享自己的护肤心得和使用的眼霜产品。例如，有些明星会在护肤日记中介绍自己喜欢使用的眼霜，并分享眼部按摩的方法，以帮助改善眼部肌肤的状态。这些明星的示范和推荐，也让更多人意识到眼周护理的重要性，激发了人们对眼部护理的关注和热情。

因此，我们要特别重视眼周护理，采取一系列措施来保护这片脆弱的区域。

选择专门的眼霜进行护理。眼霜的质地要轻盈温和，富含保湿成分，如透明质酸、甘油等，能够有效滋润眼周皮肤，防止细纹产生。尽量不要使用富含油脂的眼霜，否则容易出现毛孔堵塞问题。注意眼霜的使用方法：每次取黄豆大小即可，用按摩的手法涂抹，力度需适中。

※ 眼周干纹、细纹：眼部精华油＋眼霜。

※ 眼周表情纹：多肽类眼霜。

※ 眼周塌陷：玻色因类眼霜。

注意眼部肌肤的清洁。使用温和的眼部卸妆产品，卸除眼部彩妆和污垢，避免摩擦过度导致皮肤损伤。

养成良好的生活习惯。保持充足的睡眠，避免熬夜，减少眼部负担。平常也可以在感觉视物疲劳时进行眼局部热敷按摩，做眼保健操等。

注意饮食均衡。多摄入富含维生素 A、维生素 C、维生素 E 和抗氧化

第四章 护肤：精致女人的"面子工程"

物质的食物，有助于保护眼周皮肤免受氧自由基的侵害，延缓衰老过程。

综上所述，眼周护理是护肤过程中不可忽视的一环。通过选择合适的眼霜、注意眼部清洁，我们可以更好地保护眼周皮肤，延缓衰老过程。让我们养成良好的生活习惯，让我们的双眸始终充满活力和光彩。

❶ **温和清洁**。避免使用刺激性强的卸妆产品，选择温和的眼部卸妆液或卸妆乳。清洁眼周时，用指腹轻柔地按摩，避免拉扯和摩擦。

❷ **保湿滋养**。每天早晚使用眼霜或眼部精华，为眼周肌肤提供足够的保湿和营养。定期使用眼膜来加强眼周的保湿和滋养，尤其是在熬夜或眼部疲劳时。

❸ **防晒抗氧化**。不要忽视眼部的防晒，选择含有防晒因子的眼霜或使用防晒眼镜。可以选择含有抗氧化成分的眼霜，如维生素 C 和维生素 E，来保护眼周肌肤免受氧自由基的侵害。

❹ **眼部按摩**。定期进行眼部按摩，可以帮助缓解眼部疲劳和预防细纹的产生。

❺ **生活习惯**。尽量避免熬夜和长时间看屏幕，给眼部足够的休息时间，可以多吃含有维生素 A 和维生素 C 的食物，来保护眼部健康。

无龄密码

5
颈部护理：你的年龄，写在颈部

颈部皮肤细腻度变差和弹性损失会让人的年龄一下子暴露无遗。因此，颈部护理在护肤日常中占据了重要的位置。**颈部肌肤与面部肌肤一样脆弱，却常常被我们忽视，成为岁月留下痕迹的"被遗忘之地"。**

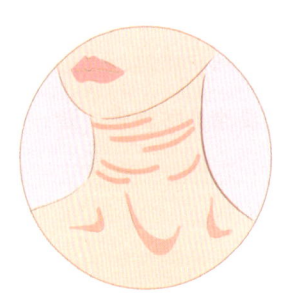
颈纹横生

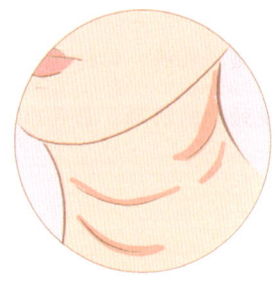
颈部肌肤松弛

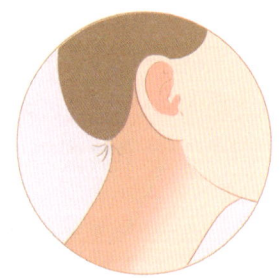
后颈粗糙暗沉

对照此图，自查颈部皮肤问题。

▲ 颈部皮肤三大问题

第四章 护肤：精致女人的"面子工程"

脆弱的颈部皮肤

美国皮肤科学会的研究发现，颈部皮肤比面部皮肤薄，且极易干燥，因此更容易形成细纹和皱纹。同样，由于颈部皮肤较薄，所以对于环境不利因素和紫外线的损害更为敏感，也容易引起皮肤色素沉着和松弛等问题。

对颈部肌肤进行有效护理，需要我们从以下几个方面来进行。

及时清洁。颈部的皮肤也会像脸部皮肤一样堆积污垢和油脂，因此需要使用温和的洁面产品进行每日清洁。

重视滋润。可以选择一些富含胶原蛋白、透明质酸和抗氧化成分的颈霜，来保持颈部肌肤的水分和弹性。

不要忽视防晒。颈部的皮肤同样容易受到紫外线的伤害，在日常生活中，我们需要为颈部涂抹防晒产品，以防止皮肤色素沉着和早期衰老。

实用 tips

❶ **清洁与保湿**。每天清洁颈部时，选择温和的清洁产品，避免刺激和干燥，可以使用颈部专用的保湿霜或乳液，保持颈部肌肤的水润和弹性。

❷ **防晒与抗氧化**。不要忽视颈部的防晒，每天出门前都要涂抹防晒霜，避免紫外线的伤害。

❸ **按摩与提拉**。每天使用颈部护理产品时，配合按摩手法，从下往上轻轻按摩，促进血液循环和淋巴排毒，可以使用一些提拉紧致的颈部护理产品或工具，来改善颈部的松弛和下垂问题。

❹ **矫正姿势**。尽量避免长时间低头看手机或电脑，保持头颈的正常曲线。避免侧睡和俯卧，选择合适的枕头，保持颈部的舒适和放松。

熬夜急救：晨起保养，降低伤害尤未迟

在现代社会，熬夜已成为很多人生活中不可避免的一部分，无论是工作压力大、学习繁忙还是娱乐活动频繁，都可能让我们的皮肤陷入熬夜带来的困扰。长期的熬夜不仅会影响我们的身体健康，还会对肌肤造成严重的损害，加速肌肤老化，出现细纹、暗沉、疲劳等问题。

那么，当我们不得不熬夜时，如何进行熬夜急救，让肌肤损伤降到最低呢？以下是一些实用的方法和技巧。

晨起密集保养。在熬夜后的早晨，一定要给肌肤提供充足的营养和保湿。先使用滋润型的洁面产品进行清洁，然后使用富含修复成分的精华液和面霜，帮助肌肤修复受损的角质层和胶原蛋白，恢复肌肤弹性和水分。

使用补水面膜。熬夜后的肌肤通常会比较干燥，此时可以使用补水面膜，给肌肤补充水分和养分，让肌肤恢复光泽和水润感。另外，日常多喝水，补充水分也是必要的。

第四章 护肤：精致女人的"面子工程"

注意眼部护理。熬夜容易造成眼部肌肤的浮肿和黑眼圈问题，可以使用眼部护理产品，帮助舒缓眼部疲劳，减轻眼部问题。

有时候，熬夜是不可避免的，但我们可以通过晨起密集保养的方式，将肌肤受损尽可能降低，让肌肤在面对熬夜的挑战时，仍然能够焕发出迷人的光彩。记住，保持良好的护肤习惯，才能拥有健康年轻的肌肤，迎接美好的每一天。

> **实用 tips**
>
> ❶ **清洁与舒缓**。早晨起床后，首先使用温和的清洁产品清洁面部，去除夜间皮肤分泌的油脂和污垢。可以用冷水洗脸或使用冷敷眼膜来减轻眼部浮肿。
>
> ❷ **保湿与修复**。熬夜后皮肤往往会变得干燥，因此需要使用保湿效果好的产品来为皮肤补水，使用含有修复成分（如尼古丁酰胺或透明质酸）的精华液，来帮助修复熬夜造成的皮肤损伤。
>
> ❸ **眼部护理**。使用眼霜或眼部精华来使眼周肌肤保湿，减少熬夜造成的眼部干纹和细纹，可以使用按摩棒或手指轻轻按摩眼周，帮助减少眼部浮肿和黑眼圈。
>
> ❹ **防晒与隔离**。即使是熬夜后的早晨，也不要忘记做好防晒工作，避免紫外线对已经疲劳的皮肤造成更多损伤。可以使用隔离霜来保护皮肤，隔离外界的污染和紫外线。
>
> ❺ **轻透妆容**。选择轻透的底妆产品，避免给熬夜后的皮肤增加更多负担，使用一些提亮产品来改善肤色，减少熬夜造成的肌肤暗沉和疲惫问题。

第五章 运动：好身体是美丽的好后盾

对于追求美丽的人来说,运动是抗衰老的一个重要武器。运动不仅可以帮助我们保持身材,改善心情,还能够帮助我们的身体释放出抗氧化的物质,抵抗岁月的侵蚀。在这个章节中,我们将详细讨论如何通过运动建立身体的抗氧化体系,让自己的美丽得以延续。

匿名提问：

每次一生病，就感觉自己老了十岁，这是身体垮了吗？

"每次当我感受到身体的不适，总是比身边的人更加疲惫和虚弱。就拿感冒来说，别人或许只需一周的时间就能恢复元气，而我却仿佛陷入了一个无尽的恶性循环。不仅要吃药，还要输液，甚至还要补充各种营养品。半个月过去了，身体却依然没有任何好转的迹象。

"每当我从病痛中缓过来时，总是感到身体处于一种亚健康状态。每一个关节，每一块肌肉，都似乎在抗议着，告诉我它们已经不再年轻。特别是在大病初愈时，我甚至感觉自己突然间老了十岁。

"我真的很困惑，是不是因为随着年纪的增长，我的身体已经开始垮了？以至于我每次生病时都会显得如此不堪一击？"

警惕！这是身体在向我们发出信号：健康状况已经迫在眉睫！但这并不意味着无法挽回。如果我们的饮食结构很合理、日常生活习惯也很正常，却仍然容易频繁生病，感到身体机能正在走下坡路，往往说明运动量不足。

需要明白的是，运动并不仅是为了塑造身材，它是一种让身体更好地适应生活环境、更好地抵抗疾病的方式。运动可以帮助我们提高身体的免疫力，延缓衰老的过程。

如果想通过运动来改善身体状况，我们需要的不仅仅是动起来，更需要了解采取什么样的运动方式以及运动频率和强度，才能够帮助我们达到目标。

 无龄密码

1 减脂要适度,切勿顾此失彼

追求更好的身材是女性的普遍心理,保持理想的体形也成为许多女性的目标。"塑形"话题在女性群体中一年四季热度不减。许多人把目标锁定在多余的体脂上,积极地进行节食、健身,甚至尝试服用各种减肥药。

女性体脂率

正常	轻度肥胖	中度肥胖	重度肥胖
18%—25%	25%—30%	30%—35%	>35%

女性体脂率不是越高越好,也不是越低越好,而是要保持在一个合理的范围。

▲ **女性体脂率**

第五章 运动：好身体是美丽的好后盾！

然而，在对抗顽固脂肪的道路上，一些过于激进的方法反而可能带来想不到的副作用。脂肪在我们的身体中扮演着重要的角色。**脂肪是人体内能量的重要储存方式，也是许多生理过程中不可或缺的部分**。对于女性而言，适当的体脂可以维持正常的月经周期，促进生育能力，保持皮肤和头发的健康等。

如果肆无忌惮地过度减少体脂，可能会对这些生理功能产生不良影响。比如，体脂过低会导致性激素分泌过少、胶原蛋白流失，并渐渐影响到容貌，使得太阳穴凹陷，脸上的线条过于硬朗，"女人味"变少了，导致月经延迟、继发性闭经或提前绝经。女性更年期提前现象的重要因素之一，便是盲目减肥导致体脂率过低。

为了避免过度减脂带来的问题，我们需要采取适度的方式来刷脂。

一方面，我们需要保持均衡的饮食，合理安排膳食，确保充足摄入各类营养素。过度减脂，再加上过度节食，身体会处于入不敷出的饥饿状态，身体激活保护机制，通过分解体内肌肉来维持基本运作，没了脂肪也没了肌肉，得不偿失。合理的饮食可以提供身体所需的能量，同时保证身体各项生理功能的正常运行。

另一方面，我们需要进行适量的运动。运动不仅可以消耗体内多余的能量，减少脂肪的储存，还可以增强心肺功能，提高身体素质。但是过度运动不仅带走了脂肪，还会带走肌肉，所以并不是运动时间越长越好、运动强度越大越好，需要自己把握好运动时间和强度。通常运动30分钟的时候，脂肪消耗率会达到最大值。

此外，我们还需要关注自己的心理状况。过度减脂往往伴随着严格的节食和疲劳的运动，这可能会带给我们心理压力。因此，我们需要学会放松自己，把减脂作为一种改善身体状况的方式，而不是为了达到某种外界的标准而给自己施加压力。

总的来说，减脂要适度，不能过度。这样我们既可以通过减脂获得理想的体形，又可以保持健康的身体状态，享受美好的生活。

 无龄密码

实用 tips

❶ **设定合理的目标**。在施行减脂计划之前,首先明确你的目标,是为了减肥还是为了塑形,或者是为了更健康的生活。不要急于求成,逐步实施你的计划,避免一开始就过于激进。

❷ **均衡饮食**。在减脂的过程中,确保你的饮食是均衡的,包含足够的蛋白质、脂肪和碳水化合物。避免采取极端的饮食措施,如长时间断食或是完全禁食某一类食物。

❸ **合理安排运动**。尝试多种类型的运动,不仅是有氧运动,也包括力量训练和柔韧性训练。避免过度运动,这可能会导致身体受伤或是身体机能下降。

❹ **保持良好的心态**。减脂是一个长期的过程,需要耐心和毅力,不要因为短时间内没有看到明显的效果就感到沮丧。每个人的身体状况和基因都是不同的,避免与他人比较,专注于自己的进步。

第五章 运动：好身体是美丽的好后盾！

2

你没看错，女性也需要力量训练

很多人在追求健康和保持体形的过程中，会选择一些有氧运动，例如跑步、做瑜伽或者游泳。然而，对于女性来说，其实力量训练更为重要，这看起来好像有点儿"反常识"，其实不然。

力量训练和有氧运动是两种不同的运动方式，各有各的侧重点。**力量训练主要针对肌肉进行锻炼，可以增加肌肉的力量和体积，同时提高基础代谢率，有利于减脂和塑形。**而有氧运动则主要针对心肺功能进行锻炼，可以提升心肺的耐力，有助于保持身体的健康。

肌肉遵循"用进废退"原则，随着年龄的增长，我们的肌肉质量会逐渐下降，这就是大家常说的肌肉萎缩。尤其是对于女性而言，肌肉萎缩不

仅会影响我们的身体功能,比如行走、搬运物体等,还会让我们的身体看起来没那么紧实,皮肤失去弹性,看起来更加衰老。因此,我们需要通过力量训练来保持或增加肌肉质量,维持身体的功能和外观,从而抵消年龄带来的负面影响。

力量训练可以提高基础代谢率。也就是说,即使在休息的时候,我们的身体也能消耗更多的热量。这对控制体重非常有帮助。相比之下,有氧运动虽然在运动过程中能消耗大量的热量,但在运动结束后,我们的基础代谢率会很快恢复到正常水平。

力量训练还可以增加骨密度,降低骨质疏松的风险。而且,力量训练对身体的冲击较小,不会过度消耗体能,更适合年纪较大的人。

力量训练的重要性

美国耶鲁大学的一项研究显示,进行力量训练的女性,其骨密度和肌肉力量比只进行有氧运动的女性要高,而且这种差异随着年龄的增长会更为明显。这项研究就很好地说明了,对于想要保持年轻和抗衰老的人来说,力量训练比有氧运动更为重要。

然而,这并不是说我们就可以完全放弃有氧运动。有氧运动有助于提高心肺功能,预防心血管疾病,也有益于我们的心理健康。在健康允许的情况下,每周安排两到三次力量训练,如哑铃举重、俯卧撑、仰卧起坐等,其余的时间可以进行一些有氧运动。

科学的力量训练

女性体内的雄性激素水平远低于男性,肌肉增长速度和幅度都远低于

第五章 运动：好身体是美丽的好后盾！

同龄男性。即使我们进行了力量训练，也只会让身体看起来更加紧实，而不是肌肉过于突出。不需要担心会训练成"肌肉女"。

在进行力量训练时，我们应该尽可能地涵盖全身的各个部位，例如上肢、下肢、腰腹等。每个动作的重复次数可以根据自己的体能进行调整，一般来说，做到微感到肌肉疲劳就可以停下了。动作的选择应该根据自己的身体情况，尽量避免对关节产生过大的压力。如果条件允许，可以找专业的健身教练进行指导，以保证动作的正确性，避免受伤。

女性力量训练项目多种多样，可以在身体条件允许的情况下尽可能地多尝试。

▲ 女性力量训练

刚开始做力量训练，我们可能会感到部分肌肉酸痛。这是正常的，说明肌肉在适应新的训练强度。只要持续进行力量训练，这种酸痛感会逐渐减少。同时，我们也会看到自己的身体发生改变：更紧实的皮肤，更有力量的身体，那些以前提不起的东西现在也能轻松举起。

总的来说，多做力量训练，少做有氧运动，是我们抗衰老年龄段的女性在运动方面的一个重要策略。这样才能更好地利用运动来抵抗衰老，保持年轻和活力。

实用 tips

❶ **设计合理的力量训练计划**。根据你的身体状况和目标，设计一个个性化的力量训练计划，尽量选择能够锻炼到全身多个肌群的力量训练动作，如深蹲、硬拉等。

❷ **力量训练要适量**。选择能够完成规定次数但又有一定挑战性的训练项目，比如，举重时避免使用过轻或过重的重量。然后，随着训练的进行，逐步增加重量，以保证训练的效果。

❸ **正确的训练技巧**。在开始力量训练之前，确保你已经学会了正确的训练技巧，以避免受伤。在进行力量训练时，保持一个稳定的节奏，避免使用惯性来完成动作。

❹ **适量的有氧运动**。虽然主要侧重于力量训练，但也可以适量地进行有氧运动，以帮助提高心肺功能和燃烧脂肪。

❺ **充分地恢复**。确保在每次训练之间有足够的休息时间，以便肌肉得到充分的恢复。在训练后及时补充营养，以帮助肌肉恢复和生长。

减少面部发力，注意表情管理

我们对面部肌肉进行有规律的锻炼，可以改善面部肌肤的外观，包括皮肤的紧实度和弹性，甚至可以使面部状态看起来更年轻。

不过，这并不意味着我们应该过度使用面部表情，因为过度的面部动作可能会加速皱纹的形成。**面部发力过度会使肌肤受力，导致皮肤反复拉伸，久而久之可能出现皱纹。**

在运动时，尤其是进行一些需要大力的动作，例如举重、跑步等，我们往往会不自觉地紧绷面部肌肉，眉头紧皱，龇牙咧嘴，面目狰狞，好像戴上了一张痛苦面具，如果此时抓拍一张照片，一定惨不忍睹。越疲劳、越用力，表情的幅度就越大，这种状态下的面部发力可能会对面部肌肤产生损害。

有些人常年皱眉或者咬牙，这些习惯性的面部表情会导致额头和嘴角等处的皮肤过早出现皱纹，比如川字纹、鱼尾纹、法令纹等。日久天长，动态纹发展成静态纹，这时候再想护肤除皱，已然回天乏力，只能通过医美的方式解决了。

因此，运动时应尽量减少面部发力，保持面部肌肉的放松，不要过度使用面部表情。这同样适用于日常生活中的表情管理。当然，这并不意味着我们要做一个面无表情的人，而是要注意在表达情感时，不要过度拉动面部肌肉。

多照镜子，控制表情。进行运动锻炼的时候，我们可以在面前摆放一面镜子，时不时观察一下自己的表情，有意识地控制面部表情的强度。

把握好呼吸的节奏。进行高强度运动时，需要我们一呼一吸皆有规律，不要因为专注于用力而忘记呼吸、长时间憋气，那样会导致表情扭曲。呼吸自然，表情才能自然。

保持住微笑的表情。慢跑运动的时候，我们更容易保持住微笑表情。因为慢跑并不是为了竞技、争名次，我们需要心态的平和、表情的平和。当我们专注于面部肌肉、颈部、下巴的松弛的时候，身体也会随之产生放松的感觉，可以有效缓解心率的飙升。

❶ **学会放松面部肌肉。**根避免长时间保持同一表情，特别是在工作或看屏幕时，每天可以花几分钟时间进行面部放松练习，如做一些简单的面部瑜伽。

❷ **培养良好的表情习惯。**尽量保持微笑，这不仅可以减少面部发力，还可以让你看起来更加友善和有吸引力。避免频繁摩擦面部，这可能会导致皮肤松弛和皱纹的产生。

❸ **定期进行面部护理。**定期做面部按摩可以帮助放松面部肌肉，减少皱纹的产生。

第五章　运动：好身体是美丽的好后盾！

4 锻炼身体的"隐形勇士"——骨盆底肌

骨盆底肌群是我们身体的一个"隐形勇士",虽然在我们日常生活中它并不常被提及,但作用却无比重要。

被"忽视"的骨盆底下肌

骨盆底肌群位于人体下腹部,是一组形状类似漏斗的肌肉,它们支持着我们的内脏,包括膀胱、直肠和子宫(对于女性来说),并且在排尿、排便和性生活中起到重要的作用。**随着年龄的增长,骨盆底肌肉会变得松弛和弱化,这可能会导致尿失禁、排便困难、性功能减退以及子宫或膀胱下垂等问题。**

身体就像是一个精致的机器,需要我们细心照料和维护。骨盆底肌锻炼通过一系列特定的动作来强化骨盆底肌肉,帮助它们恢复功能。对于女

 无龄密码

性来说，定期的骨盆底肌锻炼，可以帮助我们改善身体功能，提高生活质量，甚至能让我们的身体看起来比实际年龄更年轻。

骨盆底肌

在《妇科疾病治疗》杂志上发表的一项研究中，研究者对一组平均年龄为60岁的女性进行了为期12周的骨盆底肌锻炼，每周3次，每次20分钟。结果显示，参与锻炼的女性在尿失禁、性满意度和生活质量等方面都有了显著的改善。

骨盆底肌锻炼的方法

凯格尔运动图解，该运动对女性产后修复骨盆底肌有重要作用。

▲ 凯格尔运动

第五章 运动：好身体是美丽的好后盾！

凯格尔（Kegel）运动。这是一种最常用的骨盆底肌锻炼方法，通过反复收紧和放松骨盆底肌肉来强化它们。具体操作是，先找到骨盆底肌肉（想象正在尝试阻止排尿），然后收紧这些肌肉，坚持几秒钟，再放松。重复这个动作 10 次为一组，每天做 3 组。

深蹲。深蹲是一种全身运动，也可以很好地锻炼骨盆底肌肉。当我们深蹲时，骨盆底肌肉会自然收紧，以帮助身体保持平衡。尝试每天做一些深蹲，不仅可以锻炼骨盆底肌肉，还能锻炼到其他的大肌肉群。

瑜伽和普拉提。这些身心训练方式都包含一些可以锻炼骨盆底肌肉的动作，比如"桥式""猫牛式"和"孩子式"等动作。在做这些动作时，要特别注意骨盆底肌肉的收紧和放松，充分感受它们的运动。

记住，无论选择哪种骨盆底肌锻炼方法，最重要的是坚持，虽然可能不会立刻看到结果，但只要坚持下去，身体一定会有所表现。

❶ **坚持定期锻炼骨盆底肌。**将骨盆底肌锻炼纳入你的日常健身计划中，坚持定期锻炼。

❷ **结合呼吸和放松。**在锻炼时，学会正确的呼吸方法，可以帮助你更好地控制和锻炼骨盆底肌群。

❸ **生活习惯的调整。**避免长时间坐立，这可能会增加骨盆底肌肉的压力和负担。

 无龄密码

5 瑜伽和普拉提：塑造肌肉好线条

瑜伽和普拉提，这两种运动方式不仅可以锻炼骨盆底肌肉群，塑造优美的肌肉线条，还能提高身体灵活性，提升身心健康水平。

瑜伽是一种源自印度的综合性体育运动，它通过各种身体姿态和呼吸技巧，来帮助我们放松身心，增强肌肉力量，提高身体柔韧性。在瑜伽的练习中，我们需要全神贯注地感知自己的身体，每一个动作都要以自己的呼吸节奏为主。我们通过这种方式，不仅可以改善体态，还可以改善心态，更好地面对生活中的各种挑战。

一些常见的瑜伽动作。

▲ 瑜伽

第五章 运动：好身体是美丽的好后盾！

普拉提是一种全身性锻炼体操，主要通过改善肌肉的力量和灵活性，来改善体态，提高身体协调性。**普拉提强调的是控制核心力量，对塑造身体线条和增强身体稳定性都非常有帮助**。它通过精细的动作，使我们的每一个肌肉群都得到锻炼，特别是核心肌群得到加强。

不管是想塑造美丽的身体线条，还是想增强身体的稳定性和灵活性，普拉提都是一个非常好的选择。

总的来说，无论是瑜伽还是普拉提，都是能够帮助我们塑造美丽肌肉线条，提升身体健康，增强自信的运动方式。让我们不再只注重皮肤的美，而是从内到外都散发出健康的光芒，真正做到拥有用肌肉线条撑起素颜的底气。

实用 tips

❶ **选择合适的瑜伽风格**。了解和研究不同的瑜伽风格，如哈他瑜伽、阿斯汤加瑜伽等，选择最适合你的风格。然后根据你的身体状况和练习目标，制订个性化的瑜伽练习计划。

❷ **掌握正确的控制方法**。学会将呼吸与瑜伽动作协调一致，以达到更好的放松效果。普拉提强调细致和精准的动作控制，注意在练习中精准控制肌肉。

❸ **安全第一**。在进行瑜伽练习时，注意避免受伤，特别是初学者，不要强行做难度较高的体式。如果条件允许，可以使用普拉提器械来增强练习的效果和难度，在使用器械时，最好能够有专业的指导协助，以确保练习的安全和效果。

6 燃脂运动：太疲惫和太安逸都要不得

尽管许多高强度的体育锻炼，在短时间内的塑形效果显著，但我们必须记住，过度的训练可能会导致身体过度疲劳，进而增加受伤的风险。我们要明确运动的目的不仅是塑造好身材，还是为了促进健康，增强身体机能。如果在运动后感到过度疲劳或持续的肌肉酸痛，这可能意味着我们需要调整运动计划，需要降低强度，增加恢复的时间。

同时，我们也不能让自己太安逸。运动的目的之一就是让我们的身体走出舒适区，不断适应新的挑战，从而得以进步。如果在运动中完全没有感到疲劳，没有感到挑战，那可能意味着需要增加运动的强度。

不妨尝试下高强度间歇有氧训练（HIIT），也就是俗称的"燃脂运动"。它是一种强调"劳逸结合、张弛有度"的运动模式，在国内外健身减肥界都非常流行。

第五章 运动：好身体是美丽的好后盾！

什么是（HIIT）

HIIT 指一种训练方式，指短时间的高强度运动和中等强度或低强度运动交替进行。可以使身体的有氧、无氧功能系统同时运转，产生互补效果，让身体线条变得更加完美。

比如，可以进行一分钟的全力疾跑，然后进行两分钟的快步走，然后再重复这个过程。这种训练方式已被证实可以在较短的时间内燃烧更多的热量，而且即使在运动结束后，身体也会继续燃烧热量，这被称为"后燃效应"。

玛丽

玛丽是一位 36 岁的女性，虽然她每周都进行了至少五次中等强度有氧运动，但她仍然觉得自己的体脂比例偏高。于是她开始尝试 HIIT。在接下来的三个月中，她将原来的有氧运动替换为每周三次的 HIIT，每次 20 分钟。结果，她的体脂率从 26% 下降到了 20%，这是一个非常显著的改变。

如何科学开展 HIIT

制订计划。确定 HIIT 训练的周期和频率。对于初学者，每周 2—3 次 HIIT 训练，每次 20—30 分钟是比较适合的。随着身体素质的提高，可以适当增加训练的次数和时长。

热身。在进行 HIIT 训练前，应该进行 5—10 分钟的热身运动，帮助身体逐渐适应接下来的高强度运动。

高强度阶段。选定一种或多种运动，如开合跳、跑步、跳绳、深蹲、卧

推、原地高抬腿、提膝卷腹、波比跳等，以最大的力量和速度练习 30 秒至 1 分钟，并根据自己身体疲劳程度调整锻炼计划。

每个动作持续 30 秒钟，两个动作间可休息 10 秒钟，所有动作循环 3 次。

▲ HIIT

低强度或休息阶段。在高强度运动后，进行等长或稍长的低强度运动或休息，如慢跑、行走、慢速跳绳等。

循环。将高强度和低强度阶段交替进行，通常进行 4—6 个循环。

冷身。在训练结束后，进行 5—10 分钟的冷身运动，帮助身体逐渐恢复到正常状态。

需要注意的是，HIIT 训练虽然效果显著，但强度大，身体的负荷较

第五章 运动：好身体是美丽的好后盾！

高，不适合所有人。**有心脏病、高血压、关节疾病等问题的人群应避免进行 HIIT 训练。**此外，即使是身体健康的人，在进行 HIIT 训练前，也应咨询专业人士的意见，确保训练的安全性。

❶ **合理规划运动强度和时间**。HIIT 通常是短时间内的高强度运动，锻炼者要控制每次运动的时间，同时，根据个人的体质和运动基础，合理选择 HIIT 的强度，避免过度疲劳。

❷ **正确的运动技巧和姿势**。在进行 HIIT 运动前，学习和掌握正确的运动技巧和姿势，每次运动前进行热身，运动后进行拉伸，以减少肌肉疲劳和受伤的风险。

❸ **适时的休息和恢复**。在高强度的运动间隔中，给予身体适当的休息时间，以恢复体力和避免过度疲劳。

❹ **补充营养和水分**。在 HIIT 运动前后，注意合理地补充营养，以支持身体的能量需求和恢复需求。

❺ **监听身体的信号**。在运动中，注意监听身体的信号，如果感到不适或过度疲劳，应适时停止运动。

第六章 饮食：强化身体防御体系

　　食物不仅为我们提供生活所需的能量，还直接影响到我们的健康、体重，甚至情绪和睡眠质量。有些人为了保持苗条的身材，会选择过度节食或者过度运动，这样不仅对身体有害，也往往不能持久。如何在享受美食的同时，也能保持健康、青春和活力？这一章，我们将重点介绍如何通过合理的饮食来修复和保养身体，强化身体防御体系，让美丽经得起岁月的考验。

匿名提问：

哪些食物让人越吃越年轻？

"每次当我走进超市，目光总是会被那些五颜六色的食品包装所吸引。一边是标榜着'抗衰老'的食品，一边是那些我热爱的零食。我常常在想，这些食物中，哪些真的能让我保持青春，哪些可能会让我提前衰老？我曾尝试过听从一些专家的建议，但每个人都有自己的说法，让我感到困惑。而那些广告里的营养制剂和减脂餐，真的像他们所说的那样有效吗？

"我真的很想知道，真正的抗衰老食物是什么？而哪些食物可能会让我看起来比实际年龄还要老？"

关于吃，听听公共营养师怎么说（敲黑板）

食物对我们的身体和容貌有着重要的影响，健康的饮食是维持健康和美丽的关键。

富含抗氧化物质的食物，如新鲜水果和蔬菜、全谷物、坚果以及富含 Ω-3 脂肪酸的鱼类，都有助于抗衰老，让人看起来更年轻。

反过来，过度加工的食物、富含饱和脂肪和反式脂肪的食物以及高糖的食物，都可能加速衰老的过程。

所以，要想保持年轻和健康，我们应该多摄入天然、新鲜和富含营养的食物，同时避免摄入过多的垃圾食品。

1
顺应自然：天人相应的饮食生态观

天人相应的理念源自古老的中华哲学，它主张人与自然的和谐共生，强调人的生活方式应当与自然环境相适应。**中医也提倡"天人合一，天人相应"的理念。**这种思想对于我们日常饮食以及生活方式的选择有着深远的影响。我们的饮食结构应该和自然环境、季节变化、身体状况、年龄阶段等因素相适应，以使身体达到和谐平衡的状态。

天人相应的观念告诉我们，食物有自己的性味归经和独特属性，不仅仅能满足我们的生理需求，更是连接我们与季节、地域等大自然因素的桥梁。

选择食物时，我们需要综合考虑年龄、体质、地域环境、季节等因素，让自己的饮食与自然的规律相应，从而健康地生活下去，这就是生态观的具体应用。

在《素问·金匮真言论》中说："五脏应四时，各有收受；春生夏长，

第六章 饮食：强化身体防御体系

秋收冬藏，气之长也，人亦应之。"这说明了一年四季的变化特点是春生、夏长、秋收、冬藏。我们的身体和饮食需求也是如此，要顺应大自然的发展规律。

顺时而食是天人相依理论的典型应用。

在炎热的夏天，要避免心火过旺，适宜吃一些清凉解暑的食物，如瓜果蔬菜等。例如，夏天吃西瓜，西瓜本身含有丰富的水分，有助于我们排汗降温，适应炎热的天气，同时要少吃辛辣刺激的食物。

在寒冷的冬天，我们可能需要更多的热量来保持体温，因此需要食用一些高热量、温热的食物，如红肉、糖类食品等，还可以多吃一些富含脂肪和蛋白质的食物，如坚果、肉类，帮助我们抵抗寒冷。

此外，年龄也是一个重要的因素。**随着年龄的增长，我们的新陈代谢会减慢，对食物的需求也会发生变化。**年轻人的身体需要更多的蛋白质来促进肌肉和骨骼的发育，而老年人则需要更多的膳食纤维和营养素来维持身体的健康。

我们尽量**选择有机食品**，因为有机农业不使用化肥和农药，对土壤和水资源的破坏更小；**选择本地食品**，因为本地食品不需要长途运输，更加新鲜；**选择季节性食品**，因为季节性食品不需要进行大量的冷藏、加热等处理，营养元素消耗更少；反季水果的营养功效往往比不上自然成熟的水果。

有机食物和传统食物生产上的差异	
有机食物生产	传统食物生产
1. 自然方式 2. 更多的劳动力和更多成本 3. 不使用农药或激素 4. 对人类和自然环境无害	1. 人工方式 2. 成本更低 3. 使用化学产品去影响作物生长 4. 对人类和环境有害

 无龄密码

从天人相应的生态观出发,我们的饮食不仅仅是为了满足生理需求,更是为了帮助我们与自然环境和谐相处。我们的饮食选择可以直接影响到环境的质量,也可以反过来影响到我们自己的健康。

因此,我们要以一种更加负责任的态度来对待我们的饮食,以实现人与自然的和谐共生,如此才能做到万物生生不息,让生命在自然的规律中不断延续,保持活力。

实用 tips

❶ **遵循季节变化**。根据四季的变化,选择当季的食材,以保证食物的新鲜和营养价值。

❷ **天人相应的饮食搭配**。尝试根据五行理论来搭配食物,以实现身体的平衡和谐。在饮食中融入多种颜色的食物,这不仅可以提供丰富的营养,还能让饮食更加多样。

❸ **顺应自然节律,调整饮食时间**。尽量在固定的时间吃饭,以帮助身体建立一个稳定的生物钟。避免深夜吃东西,避免身体的消化系统在夜间过度劳累。

❹ **适量饮食**。不要吃得过多或过少,保持适当的饮食量,以保持身体的健康和活力。

第六章 饮食：强化身体防御体系

食疗养生：激活年轻基因的开关

现代科学已经揭示了食物对人体健康的深度影响，其中一个最令人瞩目的发现就是：**某些食物成分能够影响我们体内的基因表达，从而帮助我们保持年轻和活力。**

研究发现，赖氨酸能够激活我们体内的 sirtuin 基因。sirtuin 基因是一类编码蛋白质的基因，这些蛋白质在放缓细胞老化、加速能量代谢、应对刺激等方面起到重要作用。当 sirtuin 基因被激活时，我们的身体就能更好地抵抗衰老所带来的影响，保持年轻。**富含赖氨酸的食物包括鸡胸肉、牛奶、芝麻、南瓜子等。**

另外，一种名为红黄色素的天然植物色素也被发现具有类似的作用。**富含红黄色素的食物包括番茄、红甜椒、柑橘类水果等**。这些食物中的红黄色素可以抑制某些导致细胞衰老的基因表达，从而帮助我们保持年轻。

此外，Ω-3 脂肪酸能够抑制一些促炎症基因的表达。**Ω-3 脂肪酸丰**

富的食物包括鱼类、亚麻籽、核桃等。

当然,食物对基因的影响并非简单的一一对应关系。食物中的营养素和生化成分是复杂的混合体,它们在我们体内会产生多重影响。

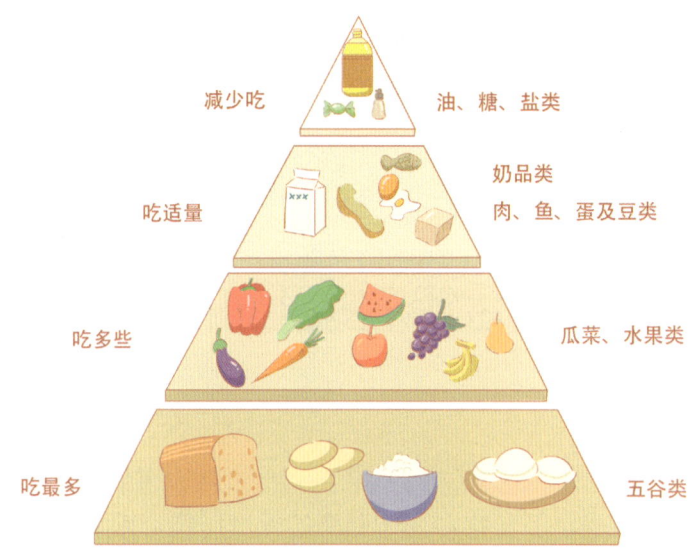

这是常见食物营养金字塔,均衡且多样化的饮食是保持健康的关键。

▲ 常见食物的摄入量

保持均衡和多样化的饮食是维持健康和身体功能的重要环节之一。下面是一些关于如何保持均衡和多样化饮食的建议。

吃多种颜色的食物。不同颜色的食物通常含有不同类型的营养物质。例如,橙色和红色的蔬菜水果,如胡萝卜和西红柿,富含维生素A和维生素C;绿色蔬菜,如菠菜和芦笋,富含叶酸和钙;紫色和蓝色的水果,如蓝莓和葡萄,富含抗氧化物质。

饮食多样性。保持多样性的食物来源。这意味着不仅吃谷物,还要吃高蛋白(如鸡肉、鱼、豆腐、豆类)食物和水果、蔬菜、坚果。

第六章　饮食：强化身体防御体系

饮食种类均衡。食物摄取应该是均衡的，这意味着饮食中应包含适量的蛋白质、碳水化合物、脂肪、维生素、矿物质和水。

少吃加工食品。尽量避免食用过度加工的食品，因为它们往往含有过多的糖分、盐分和不健康的脂肪，同时丧失了很多原本的营养成分。

定时定量。饮食要有规律，避免饥一顿饱一顿，尽量做到每日三餐，定时定量，这样可以有效维持血糖稳定，防止摄入过多的热量。

尽量做到食物全麦化。尽量选用全麦或者粗粮，相比于精制的白面粉，全麦食品含有更丰富的膳食纤维和其他营养成分。

合理搭配。食物的合理搭配也很重要，如粗粮与细粮、动物性食品与植物性食品、新鲜蔬菜水果与熟食的搭配，可以提高营养素的吸收利用率。

❶ **摄入抗氧化食物**。常吃富含抗氧化物质的食物，如蓝莓、绿茶、坚果等，多吃深色蔬菜和水果。

❷ **适量的蛋白质**。选择高质量的蛋白质来源，如鱼、鸡胸肉等，搭配豆类和坚果，以保证身体功能的正常运行和修复。

❸ **保持肠道健康**。多吃富含纤维的食物，如全谷类、蔬菜和水果，适量摄入益生菌和益生元，可以帮助保持肠道健康，促进排毒。

❹ **控制糖分和油脂摄入**。控制糖分摄入，避免高糖食物，选择健康的油脂食品。

3

优质蛋白：帮你吃出紧致与饱满

蛋白质是身体重要的组成成分，它们构成了我们的肌肉、皮肤、内脏和骨骼。随着年龄的增长，我们身体中的肌肉含量也会逐渐减少，这其实

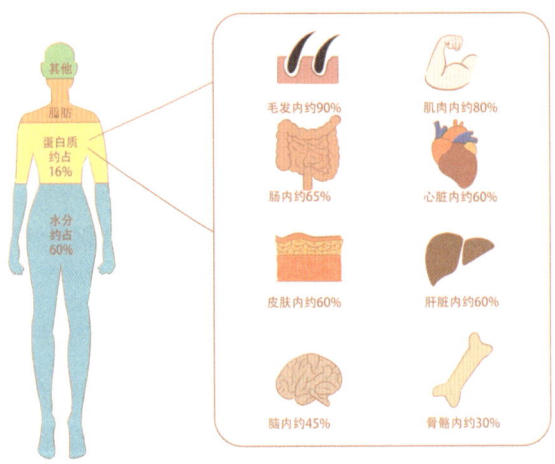

▲ 人体蛋白质分布情况

第六章 饮食：强化身体防御体系

也是一种衰老迹象。摄取优质蛋白，尤其是在饮食中增加富含优质蛋白的食物，对保持我们的身体紧致和饱满有着不可忽视的作用。

什么是优质蛋白

优质蛋白指的是那些含有人体必需氨基酸，且营养价值高，易被人体消化吸收和利用的蛋白质。常见的优质蛋白食物有鱼类、畜肉类、蛋类、奶类等。

专家建议，18岁以上人群，每天每千克体重至少应该摄入0.8克蛋白质。比如，一个体重50千克的成年女性，每天应至少摄入40克蛋白质。

优质蛋白的作用

一项发表在《美国临床营养学会》上的研究发现，每天摄入足够的优质蛋白质可以帮助人体维持肌肉健康，防止因年龄增长而导致的肌肉减少，尤其是那些动物性蛋白，它们可以使我们身体状态更好，肌肤更为紧致。

如何摄入优质蛋白

通过饮食摄取。例如，每100克鸡胸肉就含有约30克的蛋白质，每100克牛肉也含有大约25克的蛋白质。另外，每100克豆腐也可以提供约15克的蛋白质。但是植物性蛋白质的氨基酸组成并不完全，因此最好与动物性蛋白质一同摄入，以确保身体能够得到所有必需的氨基酸。

通过蛋白质补充剂来摄取。蛋白质补充剂能够帮助身体修复和建立肌肉，尤其是在运动后使用更好。但是，我们必须注意，蛋白质补充剂不能

代替食物中的蛋白质,因为食物中还含有其他的营养素,如维生素、矿物质和膳食纤维,这些都是蛋白质补充剂无法提供的。

为了最大化吸收和利用优质蛋白,我们还应该配合适当的运动。当我们进行力量训练时,身体会利用蛋白质去修复和建立肌肉,这样就可以帮助我们保持肌肤紧致和饱满。

实用 tips

❶ **蛋白来源多样化**。确保膳食中包含多种蛋白质来源,如瘦肉、鱼类、家禽、豆类、坚果和乳制品等。

❷ **蛋白质与碳水化合物搭配**。在餐饮中,合理搭配蛋白质和碳水化合物,可以提供持久的能量和饱腹感。

第六章 饮食：强化身体防御体系

控糖：戒掉甜度依赖，肌肤焕然一新

随着现代生活方式的改变，我们的饮食习惯也发生了显著的变化，其中，糖分摄入过多是一个普遍的问题。

女性对甜食天生就有好感。遍布大街小巷的各种饮料、甜点，时时刻刻诱惑着我们的味蕾。有些人甚至已经到了只喝饮料不喝水的地步，食物中只要尝不出甜味就感觉味同嚼蜡，喝粥放糖，做菜要放糖，速

过量食用高糖食物对我们的健康危害巨大。

溶咖啡里猛劲儿加糖，对糖的依赖到了成瘾的程度。这些人在不知不觉中，就摄入了过量的、非身体所需的糖分。

高糖食品对皮肤健康的影响不可忽视。糖分摄入过多会导致血糖浓度上升，体内产生大量的糖化终产物，这些糖化终产物会与身体的蛋白质结合，引起炎症反应，进一步导致细胞损伤和老化。而血糖浓度的增加不仅会加速肌肤衰老，也会导致体重增加，引发一系列的健康问题，如心血管疾病、2型糖尿病等。

糖分是我们体内重要的能量来源，控糖并不意味着要完全抛弃糖分。不同类型的糖分，影响健康的程度不同，我们需要选择健康的糖分来源。

选择自然的糖分来源。自然的糖分来源包括水果、蔬菜和奶制品等，它们通常也包含其他营养素，如纤维、蛋白质和维生素。这些都是人体需要的营养元素，而且对健康有益。

避免添加糖。添加糖，如高果糖玉米糖浆、蔗糖、果糖、阿斯巴甜、三氯蔗糖、甜蜜素、安赛蜜等，通常存在于甜饮料、糖果、烘焙食品和一些加工食品中。这些糖分摄入过多会增加患糖尿病、心脏病、肥胖症和癌症等疾病的风险。

阅读食品标签。查看食品标签可以帮助我们了解一个产品中含有多少添加糖。食品标签上的成分一般是按照含量从多到少排列的，若果糖（或者各种糖的别名，如蔗糖、糖浆等）在前几项，那么这个食品的糖分含量可能就很高。

食用富含纤维素的食物。富含纤维素的食物包括水果、蔬菜、全谷物和豆类等，它们可以慢慢释放糖分，避免血糖激增或骤降情况，保持血糖稳定。

选择低GI食物。血糖指数（GI）是描述食物引起血糖升高速度的指标。选择低GI的食物，如全谷物、豆类、部分水果和蔬菜，可以慢慢释放糖分，有利于控制血糖。

第六章 饮食：强化身体防御体系

❶ **阅读食品标签**。学会阅读食品标签，特别关注总糖分和添加糖的含量。选择低糖或无糖的食品。

❷ **避免食用高加工食品**。高加工食品通常含有大量的隐藏糖分。尽量选择新鲜、未加工的食材，自己制作。

❸ **选择低糖替代品**。考虑使用低糖或无糖替代品，如人工甜味剂、植物甜味剂等来代替常规糖。

❹ **逐渐减少糖的使用**。如果你经常在咖啡、茶或早餐麦片中加糖，可逐渐减少糖的用量，让味觉适应较少的糖分。

 无龄密码

忌口：管住嘴是成年人应有的自律

我们生活在一个充满诱惑的世界，食物诱惑就是其中的一种。从糖分高的甜点、高脂的快餐、解渴的冷饮，到各种高加工食品，都可以轻易满足我们的口腹之欲，凡事过犹不及，吃得太辣、太油腻、太快、太多、太烫或太冷，往往对身体健康有所损害。

抵制这些诱惑，需要我们有足够的意志力。这并不意味着我们要对美食说"不"，相反，它提醒我们应该理智地对待食物，享受食用美食的过程，同时重视身体的需求。

忌口，并不是一种苦行，而是一种有所取舍的生活态度，是对健康的尊重和对生活的敬意，涵盖了成年人的自律与毅力。在满足口欲的同时，我们也需要关注身体健康，理智地分析食物的营养价值与适宜摄入量，这是成年人的基本素养。

第六章 饮食:强化身体防御体系

切记,健康比暂时的口腹满足更重要。

▲ 过度饮食

我们在日常生活中要学会科学忌口,不仅要避免某些食物,而且要理解为何需要避免,并制订全面且平衡的饮食计划。以下是关于如何科学忌口的一些建议。

知道为何忌口。首先,要明白为何需要忌口。是因为过敏、疾病、健康问题,还是因为某种特定的饮食习惯(比如素食主义)?明确原因,能帮助我们制订更合适的饮食计划。

了解需要忌口的食物。知道需要避免食用哪些食物,可以帮助我们在购物和烹饪时做出正确选择。如果对某些食物过敏,更要学会读懂食品成分表,因为有时候一些加工食品可能含有我们需要少食的成分。

寻找替代品。如果需要避免某些食物,尝试寻找其他食物作为替代品。例如,如果不能吃麸质,可以尝试玉米、米或者其他无麸质的谷物。如果不能吃乳制品,可以试试植物奶,比如豆奶、杏仁奶制品等。

有计划地饮食。建立健康的饮食习惯，包括规律地进餐，保持饮食多样化，拥有合理的饮食结构，等等。特别要避免饥饿时大量进食，尽量少吃快餐和高加工食品。面对美食诱惑时，要学会控制自己，特别是对一些高热量、高糖、高脂肪的食物，要适当克制。

养成运动习惯。运动可以帮助我们消耗多余的热量、保持良好的精神状态，使我们更有力量对抗食欲的诱惑。

寻求专业建议。如果不确定如何忌口，可以寻求营养师或医生的建议。他们可以给我们制订个性化的饮食计划，以满足我们的需求。

实用 tips

❶ **适量减少饮食**。如果你发现很难突然停止某种食物或成分的摄入，可以逐渐减少它们的量。比如，逐渐减少用糖量，以便适应味觉的变化。

❷ **寻找替代品**。找到健康的食物或饮料替代品，以满足口欲。例如，如果你爱吃零食，可以尝试将坚果、水果或蔬菜片等作为零食。

❸ **规划饮食**。制订有计划的饮食，包括三餐和零食。在计划中包含健康的食物，以确保你不会因饥饿而被诱惑。

❹ **清除美食诱惑**。将忌口的食物从家里清除，这样它们就不会在视野内诱惑你。如果你不容易接触到它们，就更容易避免。

❺ **锻炼自我控制能力**。通过锻炼自我控制能力，可以更容易地抵制口欲。尝试用冥想或深呼吸的方式来帮助自己冷静下来。

❻ **奖励自己**。设立小奖励来激励自己坚持忌口。但要确保奖励不是那些你需要忌口的食物。

轻断食：保持适当的饥饿感

我们常常被各种美食包围，丰富的食物让我们几乎可以随时随地得到满足。然而，过度进食和频繁吃大餐并不利于我们的健康和身体防御体系的建立。**适度轻断食可能会带来一系列积极的效果，不仅有益于身体的修复和细胞再生，还能增强身体的防御力。**

轻断食让人更长寿

轻断食，也被称为间歇性断食，是一种食物摄入模式，不同于传统的每日三餐，它将饮食分为食用期和禁食期，在一定时间内减少食物的摄入量，让身体有机会进行自我修复和细胞再生。轻断食并不是要我们绝食或长时间不吃东西，而是要合理调整进食时间和食物摄入量，让身体有时间进行自我调整。

研究表明，轻断食状态下，身体会调整能量利用途径，促进细胞修复

 无龄密码

和废物清除,还能提高免疫功能和抗氧化防御功能。**这种自我修复的过程有助于延缓衰老,改善皮肤质量,减少慢性炎症,甚至可能对癌症等慢性疾病有预防作用。**

轻断食

冲绳被誉为"长寿之地",当地居民寿命普遍较长,患病率也较低。其中一个重要原因就是冲绳人有着轻断食的传统。冲绳人往往吃得比较简单,常常会跳过早餐或晚餐,以便让胃肠系统休息一下,让身体有机会修复和再生。

需要注意的是,适度轻断食可以带来许多益处,但并不是每个人都适合这种方式。一些特殊的群体,如孕妇、老人、儿童以及一些有慢性疾病的

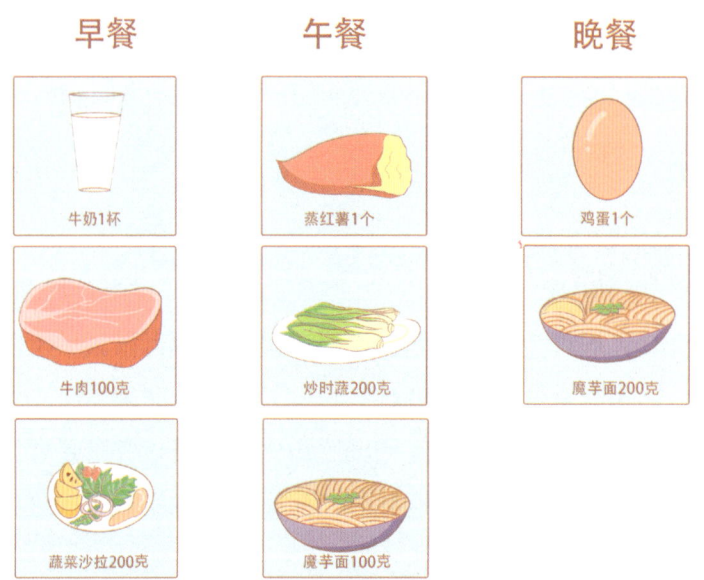

轻断食的食谱很多,笔者推荐尝试的一个轻断食食谱。

第六章 饮食：强化身体防御体系

人，则需要在医生的指导下进行饮食。而对于大部分的成年人来说，轻断食是一种非常好的饮食方式，可以帮助我们保持健康和美丽。

轻断食的类型

16/8 法则。这种方法也被称为"利辛法"。这种模式包括每天禁食 16 小时，然后在剩下的 8 小时内完成所有食物的摄入。例如，在每天的中午 12 点至晚上 8 点内进食，然后从晚上 8 点到第二天中午 12 点禁食。这种方式因其简单易行，成为间歇性断食最常用的方式。

5:2 饮食。在一周中，选择任何两天进行低热量饮食（女性摄入 2000 焦耳热量，男性摄入 2500 焦耳热量），其余五天正常饮食。这两天并不需要连续。

进食窗口法。每天选择在 4—6 小时的时间内进食，其余时间禁食。例如，选择在每天的下午 2 点至晚上 6 点内进食。

每日一餐（OMAD）。这种方式比较极端，每天只吃一顿大餐，其余时间则禁食。

周期性断食。这种方式是指在一段时间内（比如一周或一个月）选择一到两天完全断食，或者只摄入很少的热量。

以上每种方式都有其优点和适用人群，但在实行任何一种轻断食方式之前，最好先咨询医生或营养师的意见，以确保健康不会受到影响。

同时，还要注意：**轻断食并非一种饮食结构的改变，而是饮食模式的改变**。因此，食物的选择依然很重要，坚持健康、均衡的饮食，才能发挥轻断食的最大效果。

实用 tips

❶ **设定断食时间窗口**。选择每天的特定时间段进食,例如,8小时内吃饭,剩余的16小时禁食。这有助于控制进食时间,减少无规律的零食食用量。

❷ **逐渐适应**。如果你是初次尝试轻断食,可以逐渐适应,从较短的时间窗口开始,然后逐渐延长。这样可以减轻身体的适应压力。

❸ **保持水分摄入**。在断食期间确保充足的水分摄入,这有助于减轻饥饿感,维持身体的水分平衡。

❹ **选择健康食物**。在进食窗口内选择均衡饮食,包括蔬菜、水果、蛋白质和健康脂肪。避免摄入过多的高加工食品和高糖食物。

❺ **注意身体信号**。学会听取身体的信号,只有在真正感到饥饿时才进食,避免多余的进食。

❻ **避免过度进食**。在进食窗口内,不要过度进食以弥补断食期间的饥饿感。控制食量,以满足身体需求为主。

第七章 习惯：低成本冻龄的要领

　　每个习惯、每个动作、每个决定，都在塑造我们的未来，包括我们的容颜。美丽，不是昙花一现，也不是天生注定，更不是可以用金钱购买的奢侈品。美丽，其实是一种生活习惯，是在生活中积累的智慧和经验。我们需要从日常习惯的角度出发，建立和改善自己的美丽习惯，将美丽的元素渗透到生活的每一个环节中，让美丽成为生活的常态。

匿名提问：

除了熬夜，还有哪些坏习惯会加速衰老？

"每天晚上，我都会忍不住打开手机，总觉得再玩五分钟就好，结果五分钟又五分钟，从一点到两点再到三点，熬夜成了我的家常便饭。

"明明才二十出头，脸却开始向下垮，看着镜子里无神的双眼、浓重的黑眼圈和苍白的气色，我意识到熬夜这个坏习惯毁了我的身体，于是我开始早睡早起。但是，我发现即使现在不熬夜了，抗衰效果仍旧不明显，是我哪里做得不好吗？除了熬夜，还有哪些习惯会让我加速衰老呢？"

日常生活中的许多坏习惯可能悄无声息地消耗着我们的生命能量，加速身体的衰老。比如，熬夜、长期坐姿不良、过度依赖咖啡因提神、过量摄入糖分、长时间接触电子产品等。这些行为在日常中常被我们忽视，却对我们的健康和美丽造成重大影响。

※ **要养成健康的饮食习惯。**补充足够的蛋白质，多吃新鲜的水果和蔬菜，限制食用高糖、高盐、高脂肪的食物。

※ **要养成良好的运动习惯。**每天都应保持一定的体力活动，不论是快走、跑步，还是健身操、瑜伽，都能帮助身体提升免疫力，减缓衰老。

※ **要保证良好充足的睡眠。**充足的睡眠不仅有利于身体的恢复，也有助于皮肤问题的修复。

第七章 习惯：低成本冻龄的要领

1

日常防晒，不是嘴上说说而已

有些人经常会说："我不需要防晒，我不怕被晒黑，小麦色的肤色更显健康活力。"实际上，皮肤专家之所以谆谆告诫我们一定要做好防晒工作，不仅是为了防止晒黑，更是为了防止晒伤，目的是尽可能地减少紫外线对皮肤的损害。

 **触目惊心的晒伤**

《新英格兰医学杂志》中曾经展示了一位拥有 28 年驾龄的卡车司机的面部皮肤老化情况。他的左脸由于常年靠近左侧车窗，饱受风吹日晒，上面已经布满了纵横交错的皱纹，皮肤也存在明显的粗糙、干燥、松弛问题。相比较少接受日晒的右脸，他左脸的状况可以用触目惊心来形容。如果只看左脸，别人会以为他已有百岁高龄，而实际上他只有 69 岁。

紫外线是太阳光中的一种电磁波，分为三种类型：UVA、UVB 和 UVC。其中，UVC 被大气层吸收，不会到达地面；UVB 可以到达皮肤的表皮层，引起皮肤**晒伤、晒黑和 DNA 损伤**；UVA 可以穿透玻璃窗、穿透皮肤的真皮层，导致胶原蛋白和弹力纤维的流失和变性，造成**皮肤松弛、皱纹和色斑等光老化现象**。据国外研究，80% 的脸部皮肤老化与光老化有关，这是阳光中的紫外线对皮肤伤害的真实写照。

物理防晒：一副墨镜一顶帽子一把伞

防晒！防晒！防晒！重要的事必须连说三遍。但凡需要在户外进行活动，都必须把防晒工作提上日程，特别是登山、海边游泳、长跑等需要长时间与紫外线直接接触的活动或者长时间暴露在阳光下的工作。

首先，我们要尽可能地避免在日晒最强烈的时间段出门。这是需要刻在基因里的自我保护意识和下意识的行为习惯。在艳阳高照的夏日正午，如果不使用防晒工具防护就出门，只需两小时，皮肤就会被晒红、晒伤，脱掉短袖上衣，身上还会留下一件"短袖上衣"。

其次，物理防晒是最简单、最安全的防晒方法。我们可以使用具有防晒功能的偏光太阳镜、具有黑胶或银胶涂层的遮阳伞和遮阳帽，以及具有防晒功能且轻薄透气的防晒衣、防晒口罩、防晒袖套，把能遮的地方都遮起来，全副武装，无懈可击。

需要注意的是，伞布的颜色对安全防护的实际效果影响不大，真正起到防晒作用的是黑胶或银胶涂层，**千万不要用普通雨伞替代遮阳伞**。另外，遮阳伞也不能用来挡雨，因为雨水中的酸性物质会破坏涂层，致使防晒效果大打折扣。

第七章 习惯：低成本冻龄的要领

化学防晒：你用对防晒霜了吗

防晒霜是一种可以保护皮肤免受紫外线伤害的外用产品，如何选择适合自己的防晒霜呢？

防护指数通常用SPF（日光防护系数）和PA（UVA防护系数）来表示，SPF反映了对UVB的防护能力，PA反映了对UVA的防护能力。一般来说，SPF值越高、PA级别越高，防护效果越好。但是，并不是防晒霜的指数越高越好，因为指数越高，成分越复杂，可能会增加对皮肤的刺激性。

我们要根据自己的日常活动和紫外线强度，选择合适的防护指数。一般来说，室内活动或冬季时，可以选择SPF15—30、PA+或PA++的防晒霜；室外活动或夏季时，可以选择SPF30—50、PA+++或PA++++的防晒霜。

防晒霜的品牌和价格并不完全决定其质量和效果，高端品未必合适自身，平价品未必不好。掌握正确的使用方法，才能充分发挥防晒霜的功效。以下是一些使用防晒霜的注意事项。

提前涂抹。防晒霜需要一定的时间才能在皮肤上形成有效的保护层，所以要提前15—20分钟涂抹，出门前再补涂一次，以确保充分吸收和成膜。

充分涂抹。防晒霜要涂抹足够的量才能达到标示的防护指数，一般来说，面部需要1/4茶匙，身体需要2汤匙左右，自作聪明地减少用量达不到防晒效果。防晒霜要涂抹均匀，不要遗漏任何部位，特别是眼周、鼻翼、耳朵、颈部等容易被忽略的地方。

定时补涂。防晒霜会随着时间、汗水、油脂、摩擦等因素而减少或脱落，所以要定时补涂，一般来说，每2—3小时补涂一次。如果进行了游泳或大量出汗的活动，要及时擦干皮肤后再补涂。

卸妆清洁。使用了防晒霜后，要用卸妆产品彻底清洁皮肤，避免残留物堵塞毛孔或引起刺激。可以采用双重清洁法，先用卸妆油或卸妆水卸除防晒霜和彩妆，再用洗面奶洗净皮肤。

抗氧修复。紫外线会导致皮肤氧化、老化，所以使用防晒霜后，要用抗氧化的护肤品来修复皮肤，如含有维生素C、维生素E、绿茶多酚等成分的精华液或面霜。这些成分可以中和氧自由基，增强皮肤的抵抗力和弹性，预防皱纹和斑点的形成。

防晒不仅要在夏天做，而且要一年四季做，及时关注天气预测中的紫外线指数。阴天的时候，也不能掉以轻心，即便天色昏黄，完全看不到太阳，也会有60%以上的紫外线穿透云层抵达地面。

实用 tips

❶ **选择合适的防晒产品。**选用适合自己肤质的防晒产品，确保产品不含刺激性或过敏原成分，最好是无香料的。

❷ **使用遮阳衣物。**在阳光强烈的时候，尽量避免直接暴露在阳光下，使用遮阳帽、太阳镜和轻薄的长袖衣物等来遮挡紫外线。

❸ **避开强烈日照时段。**尽量避免在早上10点到下午4点之间阳光最强烈的时段外出，尤其是夏季。

❹ **使用适量的防晒霜。**在出门前15分钟涂抹防晒霜，确保涂抹均匀，包括脸、颈部、手臂和腿部，使用足够的量来覆盖我们的皮肤。

第七章 习惯：低成本冻龄的要领

远离蓝光，摆脱"手机依赖症"

智能手机已经成为我们生活中的必需品，几乎所有的信息交流和娱乐活动都可以通过手机来完成。然而，长时间低头看手机，不仅对视力有损害，对皮肤也可能造成不良影响。其中，受影响最大的就是年轻人，他们不仅因为工作需要，更是因为社交和娱乐的需求，已经养成了长时间盯着手机屏幕的习惯。**更有甚者，可能会发展出"手机依赖症"，尤其是知识青年、白领女性、业务担子重的中年男人和学生。**

造成"手机依赖"的因素有很多，比如排解孤寂、社交需求、快节奏的生活、时间管理需求、沉迷虚拟世界、心理依赖、自控力不足、从众心理……

▲ 手机依赖症

蓝光对肌肤的危害

那么,长时间盯着手机屏幕对皮肤究竟有什么影响呢?答案就是"蓝光损伤"。蓝光是电子产品(如手机、电脑、电视等)的屏幕上所散发出的一种光线。虽然蓝光的辐射强度远小于紫外线,但肌肤长时间接触蓝光,很容易造成损伤,加速老化。

蓝光对容颜的损害,主要表现在以下几个方面。

※ **加速肌肤老化。**长时间接触蓝光会加速皮肤内胶原蛋白的流失和弹力纤维的断裂,使得皮肤失去原本的紧致和弹性,从而出现松弛和皱纹等问题。

※ **肌肤颜色暗沉。**蓝光可以激发黑色素生成,从而使肌肤颜色变得暗沉,丧失原本的光泽。

※ **诱发炎症。**蓝光可以诱发肌肤炎症,使得肌肤出现红肿、敏感等炎症反应。

如何摆脱手机依赖,远离蓝光

首先,我们需要改变过于依赖手机的生活方式。尽量减少不必要的手机使用次数,如无聊时无节制地刷微博、看视频等。另外,可以尝试一些非手机的娱乐方式,如阅读、绘画、运动等,不仅可以丰富我们的生活,还可以让我们远离手机屏幕。

其次,我们可以在使用手机时采取一些保护措施。比如,调低屏幕亮度,选择蓝光过滤功能来减少蓝光的辐射伤害。另外,我们还可以定时提醒自己抬头看远处,让眼睛得到休息。

最后,使用抗蓝光的护肤品也是一个好办法。目前市场上有一些护肤品含有抗蓝光的成分,可以用来帮助抵挡蓝光的辐射,保护我们的肌肤。

第七章 习惯：低成本冻龄的要领

总之，让我们重新审视自己的生活方式，远离蓝光，保护眼睛和皮肤，让生活更加健康和美好。

实用 tips

❶ **设定手机禁用时间**。在每天的特定时间段内，将手机设为无声或关闭通知状态，以减少使用手机的冲动。例如，在晚上临近睡觉前的一小时，或在用餐时。

❷ **建立手机禁区**。在特定区域，例如卧室或餐桌上，规定不得使用手机。这样可以培养良好的手机使用习惯，有助于减少对手机的依赖。

❸ **使用替代方法**。寻找其他娱乐方式，如阅读、锻炼、绘画、与朋友互动等，以减少对手机的依赖。

❹ **设定目标和奖励**。设定手机使用时间的目标，并在达到目标后奖励自己。这可以提供激励，帮助我们控制手机使用时间。

❺ **与朋友互相监督**。与朋友或家人一起设定手机使用规则，相互监督和支持，共同执行。

3
科学睡眠,打破越睡越憔悴的魔咒

睡眠,是身体的充电器,是生命的源泉,是护肤的基础。**在匆忙的生活中,我们往往忽视了睡眠的重要性,错过了肌肤最佳的修复时机**。如何利用好这个"美容的黄金时间",是科学护肤的关键之一。

有关睡眠的常识,你知道吗?

充足的睡眠可以保持人体正常的新陈代谢,而新陈代谢的过程会释放一种名为生长激素的物质,它是身体修复和再生的重要媒介。在人体进入深度睡眠阶段时,生长激素的分泌达到高峰,肌肤的修复与再生功能也就在此时发挥得最为强大。

成年人的正常睡眠周期为 90—120 分钟,每个周期包括浅睡眠、深度睡眠和快速眼动睡眠三个阶段。理想的睡眠状态应该让人经历多个完整的

第七章 习惯：低成本冻龄的要领

睡眠周期。

良好的睡眠环境可以提高睡眠质量。理想的睡眠环境应该是黑暗、安静、舒适的，床和枕头的舒适度也非常重要。

每个人的睡眠需求是不同的。**一般来说，大多数成年人需要每晚 7—9 小时的睡眠**。儿童和青少年可能需要更多。充足的高质量睡眠对身体健康至关重要。

典型的 8 小时睡眠周期会在困倦、轻度睡眠、中到深度睡眠、极深度睡眠间不断变化，其中会有很多快速动眼睡眠。快速动眼睡眠其实是无意识发生的，这个阶段做梦最多、最清晰，有助于记忆和学习；同时可以增加眼球周围的血液供应，有助于消除眼部疲劳和促进眼部新陈代谢。

然而，由于现代人生活节奏快，压力大，很多人的睡眠质量并不理想。常见的睡眠问题包括失眠、嗜睡、多梦、盗汗、睡眠呼吸暂停、睡眠行为障碍等。例如，一些女性工作到深夜，晚上往往无法立即进入深度睡眠状态，而且经常半夜醒来。或是白天昏昏欲睡，即便连着睡了十几个小时，醒来后仍然觉得身体疲乏、精神涣散。

如果一开始并未把这些现象当回事，长此以往，我们会发现自己的肌肤变得暗淡无光，细纹增多、皱纹日益明显，使我们看上去比实际年龄要大很多。

长期的睡眠不足，会增加患心脏病、糖尿病、肥胖症的风险，也会影响情绪和认知功能。如果长期存在睡眠问题，应该寻求专业医生的帮助。

睡眠时间

在发表于欧洲心脏病学会（ESC）旗下期刊的一项新研究中，由英国牛津大学和埃克塞特大学领导的研究团队研究了睡眠时间与心血管疾病之间的关系，研究人员发现，预防心血管疾病的最佳"入睡时间"是 22 点至 23 点之间，这时开始睡觉患心脏病的风险更低。此外，与 22 点至 23 点入睡的人相比，半夜或更晚入睡的人患心血管疾病的风险要高出 25%。

科学睡眠的关键

建立稳定的睡眠习惯。每天按时上床睡觉和醒来，包括周末。身体的生物钟会适应这种规律，帮助我们更快地入睡并达到更深度的睡眠。

形成睡前放松仪式。睡前做一些放松的事情，比如深呼吸、冥想、洗热水澡或者阅读，可以帮助我们更好地入睡。

注意睡眠环境。睡觉的环境应该是安静、黑暗和凉爽的。我们也可以考虑使用耳塞和眼罩。确保床和枕头舒适，并且适合自己。

避免睡前饮用咖啡和酒。这些物质可能会影响睡眠，晚上尽量避免饮用，或者至少在睡前几小时内避免。

控制白天的小睡时长。白天的小睡可能会影响晚上的睡眠，尽量将时长控制在 30 分钟内，而且不要在晚上小睡。

健康饮食。避免睡前过度进食，特别是油腻、辛辣或者含糖的食物。这些食物可能引起胃部不适，影响睡眠。

限制电子设备的使用。电子设备发出的蓝光可以干扰生物钟，影响睡眠。所以，睡前一小时应该停止使用这些设备。

避免睡前运动。规律的身体活动可以帮助我们更好地入睡。但是，不要在睡前两小时内进行激烈运动，因为这可能会让我们更加清醒。

无论是繁忙的职场女性，还是家庭主妇，都要学会珍惜和利用好睡眠这个对美丽有着决定性影响的因素。只有这样，我们才能真正打破"越睡

第七章 习惯：低成本冻龄的要领

越憔悴"的魔咒，每次醒来后都能够精神饱满、神采奕奕，让美丽由内而外地绽放。

❶ **保持规律的作息时间**。每天都在相同的时间上床睡觉和起床，即使在周末也要尽量保持一致。这有助于调整生物钟，提高睡眠质量。

❷ **创建舒适的睡眠环境**。确保卧室安静、黑暗、凉爽，床铺舒适。使用窗帘遮挡光线，可以考虑使用白噪声机或耳塞来隔绝噪声。

❸ **限制摄入咖啡和酒**。避免在晚上饮用咖啡和酒，因为它们可能干扰睡眠。尽量在下午早些时候戒除咖啡，晚餐后不要饮酒。

❹ **控制蓝光暴露**。避免在上床前使用电子设备，如手机、平板电脑和电视，因为这些设备发出的蓝光可能抑制褪黑素的产生，干扰入睡。

❺ **避免午睡时间过长**。如果需要午睡，请限制时间在15到30分钟之间，并避免下午3点以后睡觉，以免影响晚上的睡眠。

衣服是女人的外在灵魂

曾经有一项社会学研究，通过观察一千名女性的着装，试图探究她们的性格、生活态度以及处世哲学。结果令人惊奇：那些懂得以衣服展示个性的女性，大多拥有更积极向上的人生观和更独立自主的个性。

最重要的是，穿衣服应该是一种享受，能让你感到愉快和自信。接受这些穿搭建议，你可以打造属于自己的时尚风格。

人靠衣装

"衣服是女人裸露的灵魂。"这是法国时尚教母可可·香奈儿的一句名言，她用巧妙的剪裁，使衣服展现出无与伦比的优雅气质和独立精神。香奈儿女士以自己的行动告诉世界，衣服不仅仅是遮羞布，更是女性内心独特个性的一种体现。

第七章 习惯：低成本冻龄的要领

衣服，是我们认识自我、展示自我、表达自我的一种方式。衣服可以帮助我们展现出自己的内在世界，让我们更好地理解自己。每一种色彩、每一样款式、每一种质地，都可以成为我们向外界传递信息的载体。因此，我们需要学会利用衣服，让它们成为我们"裸露的灵魂"。

如何找到适合自己的衣服

选择适合自己的衣服，是对自己的一种尊重，也是对他人的一种尊重。

衣服的选择，无论是颜色、款式还是面料，都应该以展现我们独特的个性和风格为目标。**我们不应该盲目追求时尚，而应该选择能够反映我们自身特点和价值观的衣服**。只有这样，才能在展现个性的同时，保持我们的独特魅力。

因此，挑选适合自己的衣服并不是一件简单的事情，需要考虑很多因素，如自身的体形、肤色、个人风格等，以下是一些挑选衣服的建议。

了解自己的体形。不同的体形适合不同的款式。例如，苹果形身材的人适合穿宽松的上衣，搭配直筒裤；而梨形身材的人适合穿窄腰宽下摆的裙子……

考虑自己的肤色。不同的颜色搭配不同肤色的人有不同的效果。通常，浅肤色的人适合穿深色的衣服，而深肤色的人适合穿亮色的衣服。

明确个人风格。衣服应该反映个性和生活方式。是喜欢经典的、简洁的风格，或者是喜欢浪漫的、复古的风格，找出自己喜欢的风格，然后在这个方向上选择合适的衣服。

考虑场合。衣服需要适应生活环境。如果我们的工作需要正式的着装，那么就需要购买更多的正装。如果生活较为休闲，那么舒适的休闲装应占据衣柜的大部分。

尝试新事物。不要害怕尝试新的风格或者颜色的衣服，可能从中会发

现一些意想不到的惊喜。

品质优先于数量。投资在质量而不是数量上。一件做工精良、材质上乘的衣服,会比几件质量差的衣服更能提升我们的形象。

注意穿搭细节。配饰、鞋子和包包也是整体造型的重要部分,选择与衣服相协调的配饰会给整体形象加分。

着装是我们向外界展示个性和价值观的一种方式。因此,我们需要认真对待每一件衣服,用它们来展现我们独一无二的个性和魅力。

实用 tips

❶ **了解自己的身体类型**。首先要了解自己的身材类型,不同的身材适合不同的服装款式。选择适合自己身材的服装能够突出优点并掩盖不足。

❷ **投资基本款服装**。拥有一些经典的基本款服装,如白衬衫、牛仔裤、黑色连衣裙等,它们是搭配的基础,适用于多种场合。

❸ **突出自己的风格**。不要盲目追随时尚潮流,而是寻找适合自己的风格,可以是经典、休闲、复古、独特等,在个人风格中找到自信。

❹ **注意衣服面料和质地**。了解服装的面料和质地,选择适合季节和场合的材质。透气性好的面料在夏季更加舒适,而厚实的材质适合寒冷季节。

❺ **巧妙搭配配饰**。适时地添加配饰,如项链、耳环、手表、围巾等,能让整体造型更加精致。但不要过度装饰,以免分散注意力。

5. 节制且规律的美好时刻

性生活是人类生活中的重要组成部分,它不仅关乎生理,还涉及心理和情感的交融。然而,在享受性生活的快乐和满足的同时,我们也需要理性地对待,并秉持一种健康的性观念和生活方式。

由于传统观念的存在,国内许多人认为女性对性的需求比男性低。

女性对性的需求其实很高。女性与男性一样,也有性爱的欲望。**实际上,女性的性欲可能比男性更加复杂和多样化**。因为女性对性的需求不仅仅是生理上的,也包括心理和情感上的需求。女性的性欲可能与她们的情感状态、身体状态、环境、文化和社会因素等方面有关,情感压力、疾病、药物和激素水平等都可能影响女性的性欲。

我们需要正确看待女性的性欲,既不能过于压制,也不能太过放纵。

性生活应当是节制的。 春宵一刻值千金。但在性生活中过度纵欲可能会导致身心疲惫,让人经常体力透支,终日面容憔悴,加重肾精损耗,对

 无龄密码

身体健康产生不良影响,比如诱发一些妇科疾病。同时,过度的性生活也可能会对精神健康产生负面影响,如焦虑、压力、性成瘾等。

我们不能过度沉迷于肉体的快感,而忽视了生活的其他重要方面,如工作、学习、亲友关系等。

性生活应当是规律的。长期纵欲会损伤身体,长期禁欲也会危害健康。缺乏性生活可能会引发内分泌系统的紊乱,导致女性情绪不佳、月经不调、闭经等问题。

我们需要根据自己的身体状况和生活节奏,找到适合自己的性生活频率。同时,规律的性生活也有助于增进伴侣之间的感情和亲密度。

性生活应当是安全的。科学健康的性行为不仅能带给我们愉悦和满足感,也是我们身心健康的重要组成部分。以下是一些开展科学健康性生活的建议。

※ **使用避孕措施。**避孕不仅能防止意外怀孕,还能在一定程度上防止性传播疾病。应正确使用避孕套或者按医生的建议使用其他方式避孕。

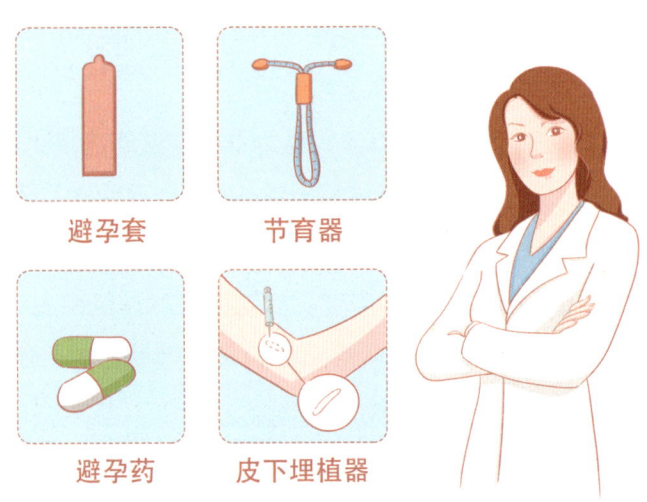

科学避孕有许多形式,选择最适合自己的健康方式最为重要。

▲ 科学避孕

第七章 习惯：低成本冻龄的要领

※ 确保清洁卫生。性生活前后保持清洁，可以减少感染的风险。性生活后的清洁护理也不容忽视，它对防止妇科疾病的产生有着至关重要的作用。

※ 避免草率性行为。避免在酒精或药物的刺激下进行性行为，这些物质可能影响人的判断力，导致发生不安全的性行为。

性生活是一种自然而美好的行为，我们需要正确地对待它，理性地享受它，才能过上健康、节制、规律和安全的性生活。

❶ **保持规律性生活**。规律的性生活对于建立亲密关系和满足生理需求都很重要。

❷ **沟通和理解**。与伴侣建立开放、诚实的沟通，了解对方的需求和期望。倾听对方，分享自己的感受和欲望，有助于建立更深厚的性关系。

❸ **情前亲昵**。在进入性行为之前，进行一些亲昵活动，如拥抱、亲吻、轻柔的爱抚等，有助于建立更深厚的情感联系，达到性愉悦。

❹ **使用保护措施**。如果不打算生育，确保使用合适的避孕方法，以避免不必要的怀孕。

第八章 医美：用医疗级保养让自己逆龄生长

在我们不断追求美丽、冻龄的过程中，科技和医学的发展也在给我们提供更多的可能性。我们可以借助先进的医疗级护肤技术有效抵抗衰老，让自己的肌肤重获活力，以此保持良好的机体状态。

然而，医美并非万能，它并不能代替我们生活中的基础护肤和保健。采用恰当的医美手段，只是为我们的护肤提供了一种更为深入、更为有效的保养选择。这一章节将会详细介绍医美的相关知识，以帮助大家在追求美丽的路上做出更为明智的选择。

匿名提问：
到底有没有既安全又速效的医美方法？

"在追求美丽的过程中，我遇到了无数的困惑。每当我走进繁华的商业街，看到各种各样的美容院和医美诊所时，我总是感到无所适从。我听说过各种各样的医美项目和治疗技术，从微针到激光，从填充到拉皮，种类之多，让人眼花缭乱。但每次当我准备尝试的时候，总是被那些失败案例吓退。

"我害怕成为那些美容院里的'小白鼠'，成为别人实验的对象。我害怕被人忽悠，被推销员用花言巧语诱导消费。但更重要的是，我害怕那些未知的风险和潜在的危害。我害怕一不小心就会毁掉我的脸，让我失去了原有的自我，失去了那份纯真和自然。

"在这个世界上，到底有没有一种既安全又能带来快速效果的美容方法呢？我真的很想找到一个可以让我安心的方式来追求美丽。"

我们都希望能找到一种既快速又安全的美容方法。**事实上，任何美容项目都具有一定的风险和不确定性，最终呈现出的美容效果也会因人而异**。选择医美项目时，不仅需要专业的医生进行评估和操作，而且需要我们对自己的身体有足够的了解。

其实，单一的医美思路往往具有一定的缺陷，西式医美见效快但副作用大，中式医美见效慢但副作用小。**因此，我们可以尝试中西结合的医美思路**。

1

小白也能看懂的医美攻略

在现代社会中，医学美容越来越受到女性的重视和热爱。从衰老的肌肤到发黄的牙齿，从赘肉到痤疮，人们都希望通过医学美容的方式加以改善、恢复或消除。**医学美容并非万能的，但是如果运用得当，可以提高我们的肌肤质量，提升自我形象，增强自信心。**

然而，对于从未接触过医学美容的小白来说，医学行业术语众多，技术繁杂，到底该如何选择，着实让人头疼。本节将尽可能简单明了地为大家解读一些关于医学美容的基础知识。

何谓医学美容

很多人可能会把医学美容和整形手术等同起来，实际上，这是一种误解。医学美容是一种通过医疗手段（如药物、设备等）进行的，旨在改善人的外貌，提高肌肤质量的活动。它和整形手术不同，整形手术通常涉及切割和缝合等侵入性操作，而医学美容则通常是非侵入性的。

医学美容的项目繁多，不同的项目针对的问题也不尽相同。 医美项目主要可以分为面部美容和身体美容两大类。面部美容主要包括：肉毒素去皱、玻尿酸填充、皮肤微针治疗、激光祛斑等。身体美容则包括：激光脱毛、塑形瘦身、乳房美容、私密部位美容等。

如何选择医美项目

虽然医学美容通常比整形手术风险低，但并不意味着它没有风险。任何医疗手段都有可能引发不良反应或并发症：肉毒素注射可能会导致面部表情僵硬，玻尿酸注射可能会出现皮下组织的肿胀或硬结……因此，在选择医美项目之前，必须充分了解这些风险，并和医生进行详细咨询。

首先，根据自己的实际需求和身体状况来选择适合自己的项目。不同的人有不同的肌肤问题，因此需要选择针对自己问题的治疗方案。

其次，了解各种项目的优缺点。我们要了解各种医美项目的效果、疼痛程度、恢复期、可能的副作用等，这样可以帮助自己做出更合理的决定。

再者，要找有经验、有信誉的医生和医疗机构，这样可以保证治疗的安全性和效果。

了解医学美容的知识，根据自己的需要进行选择和决策，是每一个追求美丽的人应该掌握的基本技能。无论采取哪种方式，都要以健康为本，这样美丽才能持久。

医学美容不能取代日常护肤

虽然医美手段可以快速改善皮肤问题，提升肌肤质量，但不能取代日

常的基础护肤。日常护肤可以帮助我们的皮肤保持水分，提供必要的营养，抵抗环境中的有害因素，如紫外线、空气污染等，同时还可以帮助我们的皮肤减缓自然老化。

即使进行了医学美容，我们也不能忽视日常的护肤。 反过来说，良好的护肤习惯也能减少我们对医美手段的需求。

实用 tips

❶ **了解自己的需求。** 首先了解自己的肌肤类型，是干性、油性还是混合性皮肤。明确自己想要解决的问题是什么，如皱纹、痘痘、色斑等。

❷ **选择合适的医美诊所。** 选择口碑好的诊所，可以通过亲友推荐或查看线上评价。确认医生和诊所的资质，确保其合法性和专业性。

❸ **咨询与沟通。** 向专业人员进行详细咨询，了解各种项目的效果和风险。然后根据自己的需求和医生的建议，制订个性化的治疗方案。

❹ **合理的医美预期。** 理性看待医美效果，不要期待一步到位或奇迹般的变化。因为一些治疗需要一段时间才能看到效果，需要有耐心。

❺ **合理的预算。** 根据自己的经济条件，合理规划医美预算，避免盲目追求高价项目。尤其是不要因为促销或机构推销而冲动消费，要慎重考虑。

❻ **注意术后护理。** 严格按照医生的指示进行术后护理，以保证最佳效果。术后注意防晒和保湿，避免色素沉着或其他并发症。

第八章 医美:用医疗级保养让自己逆龄生长

摆脱"哪里凹陷填哪里"的医美误区

在玻尿酸填充、肉毒素注射等项目大行其道的时候,我们时常听到这样的建议:"面部哪里凹陷,就在哪里填充。"这个建议听起来似乎很有道理,人们认为这是最直接、最有效的方法。

然而,随着人们对医学美容技术的了解增多,我们发现"哪里凹陷填哪里"的观点其实存在误导性。它忽视了一个基本的事实,人的面部是一个复杂的结构,它是由骨骼、肌肉、脂肪、皮肤等各种元素相互作用、相互影响构成的。

面部的每一个部分都和整体的面部结构息息相关。 当面部的某一部分发生改变时,比如脸颊凹陷,这并不仅是脸颊的问题,还可能会影响到面部的其他部位,如颧骨、下颌、眼睛等,甚至也可能是由其他部位的问题引发的。

因此,单纯地填充凹陷的部位,并不能真正解决问题,反而可能会让整体的面部结构变得不协调,从而产生不自然的感觉。

无龄密码

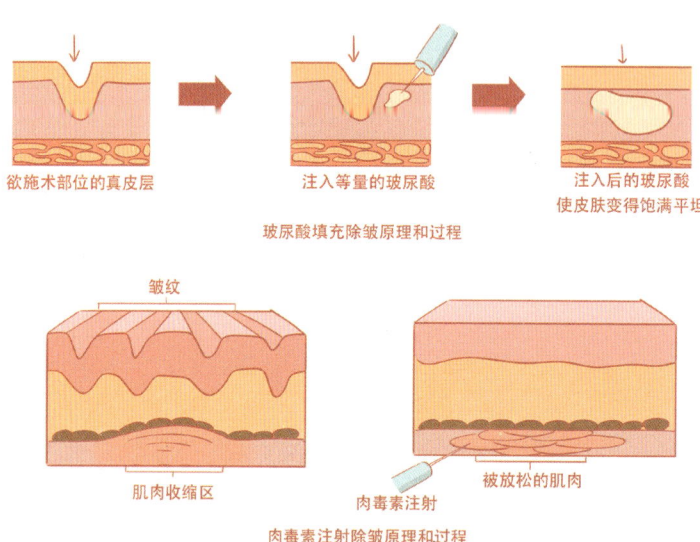

▲ 玻尿酸和肉毒素

全面评估面部医美

一位女性在 40 岁时开始感觉到脸颊有些凹陷。她试图通过注射玻尿酸来填充凹陷的部位，希望能够恢复年轻时的流畅面部线条。然而，结果并没有达到她的预期。她的脸颊虽然看起来更饱满了，但同时她的下巴变得过于突出，整个脸部的比例出现了失衡状况，给人一种很不自然的感觉。

医生对她的面部进行了全面的评估，解释了只是填充脸颊凹陷部位不能解决问题的原因。原来，脸颊的凹陷不仅仅是脂肪流失导致的，更重要的是肌肉和皮肤的松弛造成的，这些因素导致脸颊的支撑力度下降，从而出现凹陷的现象。

因此，医生建议她接受超声刀紧肤手术，以提高肌肤的紧实度和弹性，恢复面部的支撑力。同时，也建议她做一些面部运动，以加强面部肌肉的力量。经过几个月的治疗和锻炼，她的脸颊明显变得更加饱满，下巴也不再突出，整个面部的比例也变得更加协调。

第八章　医美：用医疗级保养让自己逆龄生长

这个案例告诉我们一个重要的道理：面部的问题不能只从局部出发，而应该从整体出发，考虑面部各部分之间的相互关系。这样才能找到真正的问题所在，制订出最合适的治疗方案。

在此，提醒所有女性朋友：在遇到面部问题时，一定要找专业的医生进行全面的评估，不能只看局部的问题，而忽视了整个面部的平衡需求。只有这样，我们才能找到最适合自己的治疗方案。

❶ **全面分析和评估**。评估时不仅关注局部问题，还要从整体审美的角度来考虑和规划。要寻求专业医生的评估和建议，而不是单纯根据自己的感觉来决定。

❷ **理性选择和使用填充物**。根据医生的建议和自身的需求来选择合适的填充物。

❸ **适量原则**。避免过度填充，坚持"适量原则"，以保证自然的效果。

❹ **和谐原则**。注重面部各部分的和谐和平衡，而不是单纯地解决局部的问题。

3

刮出好气色：经络养生，气血再生

在追求美丽的道路上，很多人忽略了面部的气色问题，即使皮肤看起来光滑，但脸色暗沉或缺乏光泽，也会让整体美感大打折扣。

在中医理论中，经络贯穿全身，通过这些经络可以调节身体内部的气血运行。经络的畅通与否，直接影响到人体内脏的功能，进而影响面部的肌肤状况。如果经络不通、气血运行不畅，就会导致面部暗淡无光，甚至出现暗疮、色斑等问题。

脸部气色可以直接反映出身体内气血的运行状况。反之，通过经络养生来调整体内气血运行，可以改善面部气色，让面部肌肤焕发健康光泽。

刮痧的奥秘

刮痧是经络养生中常用的一种手法，它可以帮助我们改善面部气色。

第八章 医美：用医疗级保养让自己逆龄生长

※ 刺激经络。刮痧可以刺激面部经络，调节气血运行，使经络畅通。如果气血运行顺畅，面部自然会变得红润有光。

※ 提高氧气供应。刮痧可以刺激皮肤，促进血液循环，增加人体氧气供应。氧气是维持肌肤健康的重要因素之一，充足的氧气供应可以帮助面部细胞更新，从而改善面部的光泽。

※ 排除病邪。在刮痧的过程中，由于刺激了经络，也会促进体内病邪的排出。如果面部有暗疮等问题，刮痧可以帮助我们排除体内的湿热之邪，以此改善面部肌肤的状况。

科学刮痧，事半功倍

在刮痧的过程中，我们需要遵循一定的科学步骤，以免对自己的身体造成不必要的损伤。

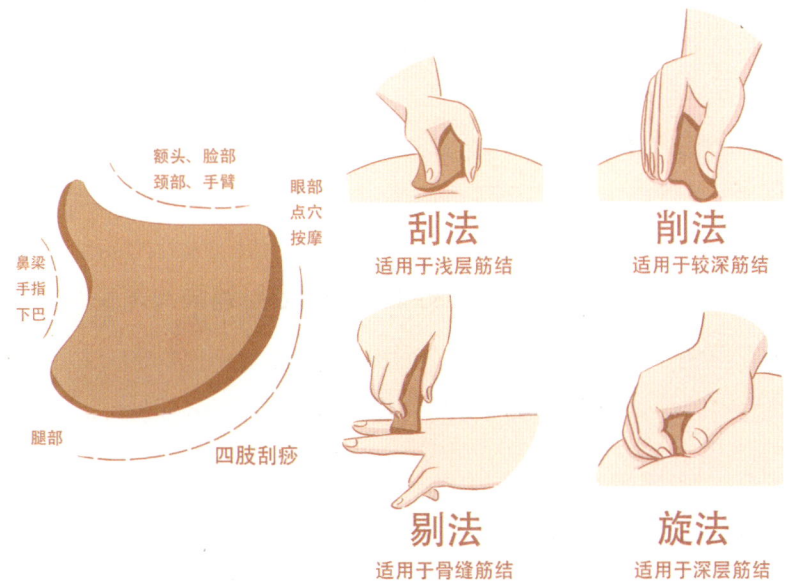

多用途刮痧板适用部位及太极刮痧四种基本手法。

▲ 刮痧

选择合适的工具。在刮痧时，可以选择专用的刮痧板或者刮痧棒，通常使用一块平滑的玉石、水牛角或者专业的刮痧板。这些工具的边缘应该是平滑的，以防止在刮痧时对皮肤造成伤害。

选择正确的部位。刮痧的部位通常是根据具体的症状来确定的，如颈部、背部、手臂或腿部等。如果不清楚应该刮哪个部位，最好咨询一下专业的中医师或者理疗师。

使用润滑剂。在进行刮痧之前，需要在待刮部位涂抹一些润滑剂，如刮痧油、按摩油或者温水，以减轻在刮痧过程中的摩擦，减少对皮肤的伤害。

正确的刮痧手法。刮痧时将刮痧板斜放在皮肤上，然后用一定的力度按照经络的走向往一个方向刮动。刮痧的力度要适中，不宜过重，以避免造成皮肤划伤或者淤血。轻刮时刮痧板与皮肤的接触面积大、移动速度慢、下压力度小，这种轻刮法适用于女性、体弱者与面部刮痧者。

注意身体的反应。在刮痧过程中，如果出现皮肤红肿、疼痛、晕厥等症状，应立即停止刮痧并寻求医疗帮助。

养生刮痧的频率。一般来说，养生刮痧的频率可以根据个人的体质和需要来设定，一周1—2次即可。如果是为了治疗特定的疾病或症状，需要遵循医生的指导。

通过刮痧这种经络养生方法，我们可以调整自身的气血运行，从根本上改善面部气色，让美丽和活力由内而外地展现出来。同时，经络养生还可以帮助我们改善体质，提高身体的免疫力，使我们更加健康。

第八章　医美：用医疗级保养让自己逆龄生长

❶ **选择合适的刮痧工具**。选择天然的材质如水牛角、玉石或玫瑰石等，刮痧板的形状要适合手握并贴合皮肤。

❷ **做好准备工作**。在开始刮痧前，确保皮肤是干净的。在刮痧区域涂抹适量的按摩油或润肤油，以减少摩擦和刺激。

❸ **掌握正确的刮痧技巧**。一般来说，刮痧的方向应该是从上到下、从内到外。力度不宜过重。

❹ **关注重点部位**。可以专注于面部的经络线，如太阳穴、颧骨等，帮助提亮肤色。关注颈部和肩部可以帮助缓解肌肉疲劳和紧张。

❺ **持续和规律的刮痧**。刮痧是一个需要持续进行的过程，建议每周进行1—2次。每次刮痧的时间不宜过长，一般15—20分钟为宜。

无龄密码

4 泡出好身体：借助自然，修复身体

水是生命的源泉，也是许多美容疗法的基础材料。水疗便是其中之一，它通过运用水的不同温度、压力与其中富含的矿物质，有效地刺激和调理人体，帮助我们舒缓压力，排出体内毒素，提高免疫力，并促进受损细胞的修复和再生。

温泉水疗

在日本，洗澡是文化的重要组成部分，温泉浴已经渗透进了日常生活的方方面面，成了他们的生活习惯之一。不论男女老少，不论平日还是节假日，日本人都会选择去温泉中泡上一泡。**温泉水中含有丰富的矿物质（如硫黄、钙、镁等），它们对皮肤有着出色的滋养和保湿效果**。它们可以提升皮肤的抗氧化能力，减少氧自由基对皮肤的损害，从而有助于皮肤的修复和再生。

第八章 医美：用医疗级保养让自己逆龄生长

其他水疗

水疗还包括各种矿泉水浴、药浴、海水浴等，它们都有各自的特点和功效，能够满足我们的不同需求。 例如，矿泉水中富含各种矿物质，能够深入滋养肌肤；药浴通常会加入草药或者精油，能够针对性地改善我们的肌肤问题；海水浴则能够通过海水中的盐分和矿物质，帮助我们去除皮肤角质，清洁皮肤，让肌肤更健康，更有光泽。

水疗既能改善皮肤问题，也能促进细胞的修复和再生，还可以让人们从中获得深度的放松和疗愈，对身心健康有着极大的好处。

实用 tips

❶ **选择合适的泡澡产品**。选择含有天然成分的泡澡产品，如海盐、精油等，尽量避免使用含有化学添加剂的产品，以减少对皮肤和身体的刺激。

❷ **合理的泡澡时间和温度**。控制水温在38—42℃之间，这样可以帮助自己放松肌肉，促进血液循环。泡澡时间不宜过长，一般20—30分钟为宜，以避免皮肤变得过于干燥。

❸ **利用自然疗法**。可以使用一些天然的精油，如薰衣草、玫瑰等，来帮助放松和修复身体。

❹ **配合适当的身体按摩**。泡澡后进行适当的身体按摩，可以帮助放松肌肉，促进血液循环。可以使用一些天然的按摩油（如橄榄油、杏仁油等），来帮助滋养和修复皮肤。

5

按出好脸形：简单四步，拯救垮脸

匀称、立体的脸形不仅让我们看起来更加动人，而且能够增强自信心。然而，随着年龄的增长，面部肌肉松弛，皮肤失去弹性，可能会使我们的脸形逐渐走样，浮肿、发腮、下垂等问题成为许多女性的困扰。在这一节中，我们将会探讨一种简单的四步法，来帮助恢复紧致立体的脸形。

第一步，热敷。我们的面部肌肤经常处于紧绷状态，因此，首先需要做的就是放松面部肌肉。可以使用热毛巾覆盖在脸部，或者用温热的手掌轻轻按在脸部，持续约五分钟。这样不仅可以帮助面部肌肉放松，还可以帮助皮肤打开毛孔，为后续的护肤步骤做好准备。

第二步，按摩。按摩是一种非常有效的方法，能够帮助提升面部线条，使肌肤更加紧致。

※ 按照下巴、脸颊、鼻子、额头的顺序，先用精油或精华液轻涂脸部。

※ 从脸部内侧开始，由内向外、由左向右，用指腹轻柔按摩，可以促

第八章 医美：用医疗级保养让自己逆龄生长

使皮肤更加紧致。

※ 在眼周和唇周有穴位的地方轻轻按压，有助于促进眼部和唇部的气血循环，改善皮肤松弛的状况。

※ 最后轻轻拍打全脸，放松脸部肌肉，更利于精油和精华液的吸收。

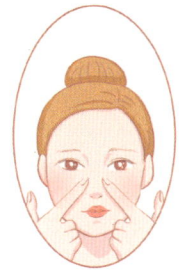   

①排除淋巴废物从眼角开始(按10次)，用食指按住眼角正上方上下按摩。

②顺着眼眶打圈按摩（按10次）用食指打圈式按眼帘平坦的部分。

③从下巴由内而外打圈按摩至太阳穴，用食指上下按摩眉头的凹处(按5次)。

④用拇指指腹按压颧骨下方的凹陷处（按15次）。

  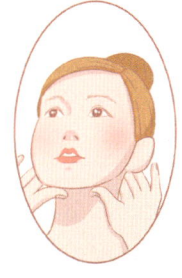 

⑤用冷毛巾敷脸，收缩肌肤。

⑥收紧下巴的轮廓（按10次），用手指的指腹沿下颌的轮廓轻轻按压。

⑦疏通喉咙下方的堵塞问题(按10次)，拇指从喉凹处向下颌方向疏通。

⑧再次冷却脸部，按摩结束。

▲ 面部按摩的步骤

 无龄密码

通过这样的按摩，可以明显感觉到面部肌肉逐渐被唤醒，脸部线条也开始变得更为立体。

第三步，工具辅助。我们可以使用各种专门设计的面部按摩工具，比如按摩棒、玉石刮痧板和美容仪等。这些工具可以更深入地刺激面部肌肉，促进血液微循环，提升按摩效果。

第四步，冷敷。用冷毛巾或冰块敷在脸上，可以达到紧致皮肤、收缩毛孔的效果，定格刚才按摩的成果。同时，冷热交替可以刺激血液循环，进一步提升皮肤的活力和光泽。

四步法是一种非常简单易行的方法，只需要每天花费一些时间，就可以有效地改善脸形，使脸看起来更加紧致立体。改善脸形并不是一朝一夕可以完成的事情，它需要我们花费时间、耐心和恒心。四步法也不是一次性的解决方案，而是一个长期、持久的过程。

改善脸形并不仅依赖于这四个步骤，还需要我们在日常生活中，保持健康的饮食和生活习惯，保持充足的睡眠和良好的心态。只有这样，我们才能真正实现对美丽的追求，拥有一个理想的脸形。

实用 tips

❶ **掌握脸部按摩方法**。指压按摩是使用指腹轻柔地按摩脸部的关键区域，如太阳穴、颧骨和下巴；提拉按摩是从下往上、从内往外地按摩，这可以帮助紧致肌肤。

❷ **使用专业的按摩工具**。可以使用一些专业的按摩仪器，如美容仪或按摩棒，或者使用玉石滚轮进行脸部按摩，从而帮助血液循环和淋巴排毒。

第八章 医美:用医疗级保养让自己逆龄生长

喝出好状态:一碗美容汤,女性守护神

中国传统文化中自古就有通过食疗调理身体的方法,用一些中药材熬制美容药汤,就是常见的方式之一。美容汤具有很好的调节激素和补气血的效果。激素对于女性的重要性无须赘言,它不仅决定了我们的生理周期,同时也影响着我们的情绪、新陈代谢、体形甚至肌肤的状态。

美容药汤的主要原料有当归、枸杞、红枣、黄芪等,这些都是常见的药材,它们各自具有补血、调经、补气、益肾等功效,对于调节女性激素有很好的帮助。当然,不同的体质和症状,需要的药材也会有所不同。因此,最好在医生或药师的指导下选择适合自己的药材。

此外,制作美容药汤的方法也是非常关键的。一般来说,我们需要将药材洗净后放入砂锅中,加入适量的清水,用文火慢炖至药材熟烂、汤色浓郁。此外,也可以在炖制过程中加入黑糖、红糖等调味品,来改善药汤的口感。

以下是一些经典的中药美容配方。

黄粱美白汤

黄粱10克，白术10克，党参15克，白扁豆15克
这款汤能调节肠胃，促进食欲，也能改善皮肤暗黄问题，让肌肤恢复健康的光泽。

当归四物汤

当归15克，川芎10克，白芍10克，熟地黄15克，红枣6颗
这是一款非常经典的女性调理汤剂，对于调节女性体质，改善肤色有很好的效果。

珍珠白皙汤

珍珠母粉10克，决明子15克，泽泻10克，甘草6克，玫瑰花10克
这款汤能清肝明目、清热解毒，长期饮用可以改善肌肤暗沉情况，让肌肤变得更加白皙。

白皮松黄芪汤

白皮松15克，黄芪15克，大米50克，白糖适量
黄芪有益气固表、生津止渴的效果，白皮松可以美白皮肤，提高皮肤的弹性。

丹参白芍汤

丹参10克，白芍10克
丹参能活血，白芍能养血，两者配合可以提升皮肤的红润度和亮度。

美容汤食疗虽好，但并不能代替药物治疗。

▲ 常见美容汤

注意：

① 这些中药配方通常安全有效，但每个人的体质和健康状况不同，因此在食用任何一种药膳前，最好先咨询医生或营养师的建议。

② 如果身体症状严重，或者经过一段时间的食疗后，症状并未改善，那么应该及时就医，寻求专业的医疗帮助。

第八章 医美：用医疗级保养让自己逆龄生长

❶ **选择合适的中药和食材**。选择一些对女性有益的天然中药，如当归、枸杞、红枣等。要选择新鲜和有机的食材，以保证汤品的品质和使用效果。

❷ **合理的搭配和蒸煮法**。根据个人的体质和需求合理搭配中药和食材。还要选择合适的煮汤方法，如慢煮或炖煮，以保持中药和食材的营养成分不流失。

❸ **定期喝美容汤**。可以将饮用美容汤作为日常的养生方法，定期喝汤来维护女性激素的平衡。但是不要过量喝汤，根据个人的体质和需求来确定适当的汤量。